Inhalt

*»Hoffnung ist nichts, was man hat. Hoffnung
ist etwas, das du herstellst durch gemeinsames
Handeln. Hoffnung ist etwas, das du in der Welt
sichtbar machen musst.«*
Alexandria Ocasio-Cortez

»Das Glück lacht nur dem gut vorbereiteten Geist.«
Louis Pasteur

So, wie es ist, bleibt es nicht

Die Zukunft beginnt im Jetzt. Wer mitgestalten will, was morgen sein soll, muss heute damit anfangen. Lasst uns deshalb ins Gespräch kommen: über Wege in eine bessere Republik, ein besseres Europa, eine bessere Welt. Wir sollten reden über die politischen Hebel, ohne die sich die Dinge nicht bewegen lassen. Streiten wir solidarisch darüber, mit wem und wie wir das Heft des Handelns in die Hand bekommen können.

Dieser Text ist eine Einladung zu neuen linken Mehrheiten. Darin liegt auch die Mahnung, sich der Frage der praktischen Umsetzung zuzuwenden. Es geht hier nicht um bloße parteipolitische Farbspiele, nicht um inhaltsleere Addition der Umfrageergebnisse von Parteien. Es geht um eine neue fortschrittliche Alternative, um ein alternatives Ordnungsangebot. Es geht darum, wie wir die sozialökonomische Wende einleiten können: in der Gesellschaft, im Alltag, bei der Arbeit, in der Schule und ja: auch in Regierungen.

Neue linke Mehrheiten für eine neue soziale Demokratie brauchen auch eine neue Machtperspektive. Denn wir können Legitimation und Mobilisierungskraft nicht allein aus Abwehrkämpfen schöpfen, nicht allein aus der Klage über die Krisen, die uns plagen. Wer das Ruder herumreißen möchte, muss auch auf die Brücke wollen. Dorthin, wo einem der Wind heftig ins Gesicht wehen kann.

Linke legen Wert auf eine klare Haltung. Und ohne einen moralischen Kompass gibt es in der Tat keine gute linke Politik. Wer immer nur versucht medial anschlussfähig zu sein, kann schnell den gesellschaftlichen Anschluss verpassen. Zugleich reicht es längst nicht mehr aus, wenn Linke nur benennen, was ist bzw. was falsch läuft. Eine Linke auf der Höhe dieser Zeit muss mehr denn je im marxschen Sinne »Kritik im Handgemenge« leisten. Sie muss mehr wollen, als das Richtige zu sagen – sie muss es auch umsetzen wollen. Sie muss Regierung wagen.

Auch deshalb müssen wir reden: darüber, wie ein Regieren in neuen linken Bündnissen möglich sein kann, das ernsthaft Verbesserung bringt. Dabei geht es nicht um Macht als Selbstzweck, sondern um einen Pfadwechsel. Wir sollten uns natürlich vor einem hüten: aus dem Auge zu verlieren, dass die Orte der Macht nur allzu oft jene fesselten, die aufgebrochen waren, um die Verhältnisse zum Tanzen zu bringen.

Beachten wir bei alldem aber stets: Veränderung braucht Mut, und Mut braucht Hoffnung. Deshalb sollten wir Neugierde darauf wecken, wie eine grundlegende Alternative aussehen kann. Wir sollten dafür der gesellschaftlichen Phantasie mehr Futter geben, welche Wege im Guten denkbar wären. Wir sind gefordert, neues Vertrauen aufzubauen, mit Respekt vor dem inhaltlich Trennenden, um das politisch Gemeinsame zu finden.

Die Zukunft wird besser, wenn wir sie heute schon besser machen. Ich denke dabei an Walter Benjamin, der von der »Jetztzeit« sprach, mit all ihren Problemen, aber auch mit all ihren befreienden und erlösenden Potenzialen.

Lasst uns mit der Zukunft jetzt beginnen: aus Verantwortung gegenüber der Geschichte, aus Verantwortung gegenüber den Sorgen der Menschen heute in aller Welt. Und auch aus Verantwortung gegenüber denen, die nach uns kommen und das Recht haben, eine Welt vorzufinden, über deren Entwicklung sie noch selbst entscheiden können.

Mehrheiten für einen solchen Weg sind erreichbar. Sie speisen sich aus den vielen, die fragen: Wie können wir etwas ändern? Was muss überwunden werden, auch um das zu bewahren, was heute gut ist? Es sind Mehrheiten, die man im Plural verstehen muss, weil sie sich nicht mehr in die alten Raster pressen lassen. Es sind neue linke Mehrheiten, aus denen eine neue Vielfalt spricht und die uns eine neue Offenheit abverlangen werden. Mehrheiten, die uns aber auch neue Wege ermöglichen.

Die Zeit drängt. Egal wohin wir schauen: Klima, Digitalisierung, Demokratie, Migration, Ungleichheit, Außenpolitik, Europa – auf allen Kanälen läuft das gleiche gefährliche Programm. Verunsicherung und hilflose Reparaturversuche bestimmen das Bild. Die Krise ist dabei nicht mehr nur eine vorübergehende Unterbrechung des Gewohnten, nicht eine Ausnahme oder ein Notfall, sondern der grundlegende Charakter der globalen Verhältnisse. Ist hier eine Krise gelöst, oft bloß scheinbar, beginnt dort schon das nächste Feuer zu brennen.

Mir ist bewusst, dass wir in der Beurteilung der Probleme oft unterschiedlicher Meinung sind. Es gibt Argumente, dieses Detail und jenen Zusammenhang anders zu sehen, unterschiedliche Ursachen in Betracht zu ziehen. Unübersehbar ist aber – und darin liegt das Gemeinsame –, dass es so wie bisher nicht weitergehen kann.

Die Gesellschaft, unsere Art zu leben, zu produzieren und zu verteilen, wir selbst – all das wird sich ändern. Schon immer hat Veränderung unsere Welt bestimmt, mal zu einem besseren Ort gemacht, dann wieder Erreichtes verworfen und Katastrophen produziert. Doch jetzt sind wir an einem Wendepunkt angelangt. Wir stecken in einem Epochenbruch, der Veränderungen zeitigen wird, die sehr weit reichen werden.

Aber genau darin liegt auch eine große Chance: Die Zukunft muss nicht bloße Fortsetzung der Vergangenheit sein. Wir können sie vielmehr als Verbesserung der Gegenwart begreifen: Es geht jetzt darum, ob wir mitbestimmen, wie es anders wird und wer in Zukunft profitiert. Es geht jetzt darum, was bleibt, was verschwindet und wer von diesem Wandel profitiert. Wir reden nicht über ferne Zeiten. Was uns morgen blüht, wird heute gesät. Wir sind längst mittendrin in diesem großen Übergang.

Viele Gewissheiten sind auf dem Prüfstand, es gibt unterschiedliche Antworten auf die Fragen der Zukunft. Ich gehöre zu denen, die überzeugt sind, dass wir den drängenden Problemen nur mit einem radikalen Systemwandel beikommen werden. Ich weiß um jene, die andere Überzeugungen haben, und respektiere sie. Dass wir aus unterschiedlichen Vorstellungswelten kommen, sollte nicht Anlass für Abgrenzung sein, sondern Quelle gemeinsamer Verständigung. Und denken wir dabei auch an die vielen, denen die kommenden Veränderungen Sorgen bereiten.

Hier liegt die Herausforderung für neue linke Mehrheiten – Antworten auf die Fragen des Wegs nicht nur getrennt, sondern auch gemeinsam zu suchen. Angesichts der globalen Dimension der Aufgaben verlangt jede wirkliche Veränderung mehr als den Vorschlag einer Partei in einer Wahlkampagne. Wir müssen über politische Grenzen hinweg nach Alternativen suchen, und wir müssen sie auch über nationale Grenzen hinweg entwickeln.

Wer hinausblickt über die oft noch wirksamen Blockaden, über das durchaus verständliche Bedürfnis, am Bekannten festzuhalten, wird die Chancen dieser neuen linken Mehrheiten sehen. Es werden neue Bündnisse am Horizont des Möglichen erkennbar. Aber wer von neuen linken Mehrheiten spricht, kann von den Schwächen der gesellschaftlichen Linken nicht schweigen.

In einer Zeit, die geradezu danach ruft, Brücken in die Zukunft zu bauen, scheint das progressive Lager zum Teil gelähmt. Während Neoliberalismus und kalte Marktorientierung glanzlos vor ihren Scherbenhaufen stehen, während sich die geistigen Brandstifter aufmachen, die Uhren in finsterste Vergangenheiten zurückzudrehen, wirken die Progressiven vielerorts erschreckend wirkungslos. Die gesellschaftliche Linke redet viel und ist zugleich seltsam sprachlos. So mancher Redebeitrag ist nur darauf angelegt, Beifall in den eigenen Reihen zu ernten, auch wenn er keinen Erkenntnisgewinn, geschweige denn uns einer tatsächlichen Veränderung näher bringt.

Doch das können wir ändern. Wer neue linke Mehrheiten anstrebt, damit eine neue soziale Demokratie wachsen kann, muss den Aufbruch wagen: Mut zu neuem Denken, zu neuen Bündnissen, zu neuen Antworten.

Dieser Essay entstand in den vergangenen Monaten, in den Pausen meines politischen Alltags, in denen ein anderes Nachdenken möglich war, im Gespräch mit politischen Freundinnen und Mitstreitern. Ich freue mich über Rückmeldungen – über Zuspruch und ausdrücklich auch über Widerspruch. Wir müssen miteinander reden. Denn der Neoliberalismus ist am Ende. Die Zukunft beginnt im Jetzt. Machen wir sie besser. Mit neuen linken Mehrheiten für eine sozial-ökonomische Wende.

Zeit der Monster

Aufbruch und Apokalypse liegen heute nahe beieinander. Die Situation, mit der wir konfrontiert sind, lässt sich in ihrem ganzen Ausmaß nur historisch begreifen. »Das Alte liegt im Sterben, das Neue ist noch nicht geboren, es ist die Zeit der Monster« – mit diesem berühmten, ihm zugeschriebenen Satz[1] hat der linke Theoretiker Antonio Gramsci vor Jahrzehnten schon einmal einen großen Übergang, einen Epochenbruch beschrieben: Damals, zu Beginn des 20. Jahrhunderts, ging es um den Übergang vom Manchester-Kapitalismus zu seiner fordistisch regulierten Variante. Diese gewaltige Transformation brachte Weltkriege hervor, ließ weltweit eine gewaltige Arbeiter*innenbewegung wachsen und führte zu Revolutionen wie in Russland.

Wie unterschiedlich die Folgen solcher Neuformierung sein können, erkennt man daran, dass eine »Antwort« auf die damalige Krise die Barbarei des deutschen Faschismus war, eine andere Antwort dagegen in Franklin D. Roosevelts »New Deal« bestand. Damit wurde in den USA der 1930er

---

1 Ins Deutsche übersetzt schrieb Antonio Gramsci tatsächlich: »Die Krise besteht gerade in der Tatsache, dass das Alte stirbt und das Neue nicht zur Welt kommen kann: in diesem Interregnum kommt es zu den unterschiedlichsten Krankheitserscheinungen.« (Gefängnishefte, H. 3, § 34). Im italienischen Original heißt es an dieser Stelle »fenomeni morbosi«, was vermutlich zu einer Fehlübersetzung geführt hat.

Jahre auf eine neue sozialpolitische Einbettung des Marktes gesetzt. Angetrieben von sozialen Kämpfen stellte Roosevelts Ansatz das gesellschaftliche Entwicklungsmodell auf neue Füße.

In ihrem aktuellen Buch *Warum nur ein Green New Deal unseren Planeten retten kann* beschreibt die Journalistin und Aktivistin Naomi Klein die verblüffenden Folgen von Roosevelts Initiative: »Im Jahrzehnt des New Deals fanden mehr als 10 Millionen Menschen eine Beschäftigung im öffentlichen Dienst, ein Großteil der ländlichen Gebiete wurde erstmals ans Stromnetz angeschlossen, hunderttausende Häuser wurden errichtet, 2,3 Millionen Bäume gepflanzt, achthundert neue staatliche Parks geschaffen, und es entstanden im Auftrag der öffentlichen Hand hunderttausende Kunstwerke.«[2]

Anknüpfend an diese Tradition fordern heute verschiedene fortschrittliche Kräfte von US-amerikanischen Demokrat*innen um Alexandria Ocasio-Cortez und Bernie Sanders bis hin zur britischen linken Labourpartei einen Green New Deal. In diesen Konzepten geht es um einen sozial-ökologischen Umbau der Wirtschaft, um Investitionen in den Klimaschutz sowie in soziale Sicherheit. Im angelsächsischen Raum umfasst der Green New Deal den Bruch mit dem Neoliberalismus, die Stärkung öffentlichen Eigentums sowie die Einbettung der Wirtschaft. Insofern handelt es sich beim Green New Deal um einen weitreichenden Umbau der Wirtschaftsweise. Naomi Klein

---

2   Naomi Klein: *Warum nur ein Green New Deal unseren Planeten retten kann*. Hamburg, Hoffmann und Campe 2019, S. 46.

beschreibt diese Versionen des Green New Deal dementsprechend als »Generalüberholung des Betriebssystems«[3]. Im Deutschen hingegen klingt der Begriff »Deal« in vielen Ohren eher nach einem harmlosen Kompromiss, ja nach einer Art Mauschelei. Diese sprachliche Assoziation wird dem Inhalt der Konzepte von Ocasio-Cortez und Labour wahrlich nicht gerecht. Aber ich nehme dieses sprachliche Vermittlungsproblem ernst und spreche deshalb im Folgenden von der sozial-ökonomischen Wende, um das große Zukunftsprojekt zu beschreiben. Dieses Projekt ist inhaltlich jedoch auch inspiriert vom historischen New Deal sowie den Debatten um den Green New Deal im Angelsächsischen.

Was heißt nun in diesem Zusammenhang Einbettung der Wirtschaft? Der Wirtschaftshistoriker Karl Polanyi zeichnet in seinem 1944 erschienen Klassiker *The Great Transformation* nach, wie der Kapitalismus im 19. Jahrhundert aus kleineren, feudal und ländlich geprägten Zusammenhängen ausbrach und wie das zu einer ganzen Reihe dramatischer Krisen und Gegenbewegungen führte – bis die Ökonomie auf der Ebene nationaler Wohlfahrtsstaaten wieder »eingebettet« wurde.

Eine ähnliche Entwicklung wiederholt sich nun, da der Kapitalismus die Grenzen des Nationalstaates und der klassischen Industriegesellschaft hinter sich lässt. Der spanische Soziologe César Rendueles hat zu Recht darauf hingewiesen: Unsere Zeit weist Parallelen zur Polarisierung, zur Instabilität und dem Hass auf, die Polanyi als Zeitzeuge in

3 Ebd., S. 43.

den 1930er und 1940er Jahren erlebte.[4] Und wie die fortschrittlichen Kräfte damals stehen wir heute erneut vor der Aufgabe, die gesellschaftliche Einbettung der Ökonomie auf allen Ebenen zu erkämpfen.

Auch heute geht es um viel. Die Vergangenheit hat gezeigt, dass es keinen Automatismus gibt, wie Gesellschaften auf große technologische, ökonomische und soziale Veränderungen reagieren. Wir können uns deshalb nicht darauf verlassen, dass angesichts neuer digitaler und gesellschaftlicher Möglichkeiten ein Weg eingeschlagen wird, auf dem die Krise als Chance genutzt wird und die anstehenden Veränderungen als Hebel zum Fortschritt wirksam werden. Es besteht heute die Gefahr einer neuerlichen Katastrophe, einer Radikalisierung der Unmenschlichkeit, des Rückfalls in die Barbarei.

Eine Vollkaskoversicherung hat die Geschichte auch dieses Mal nicht im Angebot. Was wir allerdings wissen: Wir müssen uns schon selbst bewegen, damit nicht Gefahren die Zukunft bestimmen, sondern eine bessere Welt möglich wird. Das setzt voraus, dass man darüber redet, mit welcher Ausgangslage wir es heute zu tun haben.

Zunächst haben wir es mit enormen Potenzialen zu tun: In den sozialen und technischen Entwicklungen stecken schließlich Möglichkeiten, von denen die Menschheit profitieren könnte. Doch diese Potenziale sind gefesselt in einer Logik der privaten Aneignung des gesellschaftlich produzierten Reichtums. Von allein wird es kaum dazu kommen,

4 Vgl. César Rendueles: »Globale Regression und postkapitalistische Gegenbewegungen«, in: *Die Große Regression*, hg. v. Heinrich Geiselberger. Berlin, Suhrkamp 2017.

dass alle gleichermaßen und nach ihren Bedürfnissen diese Möglichkeiten ergreifen können.

Zudem wissen wir, dass die Art und Weise, wie wir produzieren, arbeiten und konsumieren, unsere Lebensgrundlagen nachhaltig beschädigt. Das fängt mit der Umweltverschmutzung an, geht weiter über die Rohstoffausbeutung und hört mit der sozialen Spaltung längst nicht auf. Die Gründe dafür liegen nicht in der Bösartigkeit von Einzelnen, sondern in den Mechanismen der kapitalistischen Produktionsweise. Diese Mechanismen werden denen geradezu aufgenötigt, die unter ihren Bedingungen produzieren, konsumieren, leben. Aus diesen Bedingungen erwachsen die starken Interessen der wenigen, die einen sozialeren, demokratischeren und ökologischeren Entwicklungsweg bisher verhindern. Ein anderer Weg wird mit der privaten Aneignung und den Gesetzen von Rendite und Wachstumswahn in Konflikt geraten müssen.

Aber das, was auf dem Spiel steht, sollte uns diesen Einsatz wert sein. Wir stehen an einer Wegscheide. Weltweit konkurrieren unterschiedliche Kräfte um Einfluss und um die Vorherrschaft, um jeweils ganz andere Zukunftsentwürfe:

Da wäre erstens die Option eines autoritären Kapitalismus, der in einer gefährlichen Symbiose aus künstlicher Intelligenz und Traditionalismus den alten Nationalismus mit marktradikaler Ökonomie und neuen Überwachungstechnologien verbindet.[5] Diese Option setzt auf nationale Privilegien und totalitäre Instrumente und schreckt auch

---

5   Diese Gefahr beschreibt Paul Mason in seinem aktuellen Buch *Klare, lichte Zukunft. Eine radikale Verteidigung des Humanismus*. Berlin, Suhrkamp 2019.

vor Bündnissen mit völkischen, ja faschistischen Kräften nicht zurück. So werden die zahlreichen Krisen systematisch verschärft.

Da wäre zum Zweiten der alte Neoliberalismus, der in dem widersprüchlichen Versuch gefangen scheint, durch zögerliche Korrekturen seinem selbstzerstörerischen Geschäftsmodell noch etwas Zeit zu erkaufen. Dieser Option geht es nicht um Umbau, sondern um den Versuch, die Bedrohungen innerhalb der gegebenen Verhältnisse zu mindern – vielleicht mit etwas ökologischer Modernisierung. Es bleibt trotz alledem eine restaurative Variante, die die vielen Krisen mit den alten Werkzeugen zu bekämpfen sucht – obwohl diese sich längst als ungeeignet erwiesen haben. Auf diesem Weg liegen neue Kürzungsdiktate, der alte Fehler von Privatisierung sowie die weitere Prekarisierung der Arbeit, soziale Entsicherung und fortschreitende Entdemokratisierung. So wird eine Bearbeitung der Krisen weiterhin nur simuliert.

Im rauen Wind der globalen Standortkonkurrenz liegen Rechtswende und Neoliberalismus im Zweifel ziemlich nahe beieinander. Weltweit bedient sich eine neue Internationale des Autoritarismus mal mehr dieser und mal mehr jener Mittel. Die Rückkehr zu nationalistischer Abschottung verschärft die Konflikte und verringert zugleich die Chancen für eine international notwendige Abstimmung über die Fragen der Zukunft.

Diesen düsteren Zukunftsaussichten steht eine dritte Option gegenüber: die Perspektive einer sozial-ökologischen Transformation. Sie ist das progressive Ausstiegs-Szenario aus der gegenwärtigen Krise. Und diese Strategie wird bereits in Ansätzen von verschiedenen Akteuren an unterschiedlichen Orten verfolgt: so von der Linksregierung in Neuseeland unter Premierministerin Jacinda Ardern, vom Mitte-Links-Bündnis in Portugal, von den US-Demokrat*innen um die populäre Senatorin Alexandria Ocasio-Cortez aus New York sowie in Versuchen auf Landesebene oder in Kommunen, denken wir an Berlin, Erfurt oder Barcelona. Auf verschiedene Weise setzen sie alle sich dafür ein, das Verhältnis von Markt und Politik, von Ökologie und Profit neu auszurichten – und zwar im Sinne der vielen, im Sinne der gesellschaftlichen Interessen.

Doch dieser Weg der Hoffnung und der neuen linken Mehrheiten muss mit heftigen Widerständen rechnen. Das hat auch etwas damit zu tun, wie die Verhältnisse beschaffen sind, aus denen wir nach vorne blicken. Selbst in den westlichen Zentren glaubt kaum jemand mehr dem alten Versprechen, dass es den eigenen Kindern einmal besser gehen werde. Zwischen unserer Gegenwart und einer wünschenswerten Zukunft galoppieren die apokalyptischen Reiter des Neoliberalismus: eine soziale Kälte, die seit Jahren in die Gesellschaft einsickert, ein menschengemachter und doch als Naturgewalt erscheinender Klimawandel, die Demokratiekrise sowie die Eskalation von Handelskonflikten, Standortkonkurrenz, Rüstungswettläufen zu neuen Kriegen.

Die bestehende Ordnung kollabiert, sie verschluckt sich an sich selbst. Der Grund dafür liegt nicht an der Oberfläche, nicht bei den Symptomen, sondern tief im Bauch der Gesellschaft, in den ökonomischen Strukturen und ihren politischen Ausdrucksformen, im Konflikt zwischen technologischem Fortschritt und sozialen Verhältnissen. Diese Widersprüche sind vielfältiger Natur. Es gibt unzählige Bücher darüber, angefangen von den ökologischen Grenzen der gegenwärtigen Produktionsweise über die Gefahren digitaler Überwachung bis zu den sozialen Folgen globaler Ungleichheit.

Die Tragödie liegt nicht zuletzt darin, dass alle um die Dimensionen wissen können – weil die Folgen des Nichtstuns so unübersehbar sind: nationalistische Regression, Klimakrise, Kriege, soziale Spaltungen. Wir können uns nicht länger mit Beschwichtigungen abspeisen lassen, man möge bitte die Verlierer nicht vergessen, die nächste Konferenz werde vielleicht den Durchbruch bringen und die Dinge hätten sich doch Millimeter für Millimeter verbessert. Denn was macht ein Millimeter aus, wenn die Zeit drängt, weil man schnell viele Meter vorankommen müsste? Vorankommen *muss*, damit nicht die apokalyptischen Reiter der kapitalistischen Selbstzerstörung die ganze Welt und damit jede Zukunft unter ihren Hufen begraben.

Der Schriftsteller Roy Scranton hat dieses Negativszenario einmal weitergedacht ins Jahr 2050:

»Große Teile der heute noch bewohnten Küstenregionen werden unter Wasser liegen und damit ebenso unbewohnbar sein wie die Waldgebiete und Wüsten der Äquatorregion, wo es zu heiß sein wird. Weltweit werden die Menschen bereits unzählige örtliche und regionale Klimakatastrophen, große Wirtschaftskrisen und katastrophale Ernteausfälle erlitten haben. Sie haben sich an die willkürliche Gewalt durch wütende und manchmal hungernde Menschen gewöhnt, die sich gegen die Regierungen auflehnen – die wiederum immer repressiver werden, um die Kontrolle zu behalten. Als Reaktion auf all diese politische, ökologische und ökonomische Instabilität wird die ängstliche Weltbevölkerung wahrscheinlich ihre Freiheit gegen Versprechen von Sicherheit eingetauscht haben. Immer mehr Mauern werden gebaut, und die Staaten kämpfen um Ressourcen wie Trinkwasser, die einst im Überfluss vorhanden waren.«[6]

Alles bloß böse Science-Fiction? Es kommt doch anders? »Uns« wird es schon nicht so hart treffen? Wir dürfen uns auf solche Beschwichtigungen nicht mehr verlassen. Selbst wenn sich die Zentren des Kapitalismus eine Weile abschotten könnten von den Folgen, die ihr relativer Reichtum anderen auferlegt, wäre der Preis dafür selbst für uns fatal. Eine apokalyptische Peripherie würde die Bewohner*innen des globalen Nordens noch stärker disziplinieren. Die Zustände »da draußen« würden jeder Moral »hier drinnen« die Grundlage entziehen. Wenn man mit ansehen muss, wie anderen massenhaft ihr Menschsein abgesprochen wird, relativiert sich nach und nach auch der Stellenwert von Menschenrechten und Menschenleben hierzulande. Eine Demokratie, die sich einmauern muss gegen jene, die fliehen, sitzt am Ende selbst im Gefängnis. Dies ist keine Welt, wie man sie seinen Kindern hinterlassen möchte.

6   https://www.ipg-journal.de/regionen/global/artikel/detail/die-letzten-menschen-3557

Vier Kipppunkte

Ein sarkastischer Spruch besagt, dass die Linken von den letzten zwanzig Krisen des Kapitalismus mindestens vierzig vorhergesagt haben. Einige werden sich vielleicht sogar fragen: Wo bleibt eigentlich das Positive? Nicht alles wird immer schlimmer, manches wird auch besser. Sollten wir nicht ebenso die Fortschritte betonen?

Das ist richtig. Aber die Kassandra-Rufe kommen dieses Mal nicht nur von links. Vier gesellschaftliche Kipppunkte rücken schnell näher, Veränderungen also, die, wenn sie einmal eingetreten sind, enorme, teils unumkehrbare Folgen haben könnten. Das heißt, wir müssen vorher dagegenhalten. Das ist mein Anliegen: Wir brauchen neue linke Mehrheiten im Interesse einer Sicherung der sozialen Demokratie – als Ausgangslage für jeden weiteren Fortschritt. Wir müssen also tatsächlich mehr wagen, damit wir nicht alles riskieren angesichts der vier großen Gefahren: militärische Eskalation, Klimakrise, autoritäre Wende und soziale Spaltung.

Dringlichkeit besteht erstens angesichts militärischer Eskalation. Praktisch jeden Tag erreichen uns Meldungen über bewaffnete Konflikte, kriegerische Handlungen, neue Rüstungsrekorde und Profite, die mit dem weltweiten Waffenhandel gemacht werden. Es fällt sogar schwer, einen aktuellen Krisenherd als Beispiel auszuwählen. Es gibt zu viele und es brennt an immer neuen Stellen: Syrien, Jemen, der Nahe Osten, Teile von Afrika, die Ukraine und, und, und. Das Bild wird schärfer, wenn wir uns die dahinterstehenden Zusammenhänge vor Augen führen. Es sind Konflikte, die uns nicht nur grausame Nachrichten nach Hause liefern, sondern etwa durch Waffenexporte auch von »zu Hause« mitbefördert werden. Es sind Konflikte, die in bestürzender Weise der oben benutzten Formulierung von der »Zeit der Monster« entsprechen: Die alte Weltordnung existiert nicht mehr, eine neue, vor allem eine bessere, ist noch nicht erkennbar. Internationale Abkommen werden gekündigt und mit ihnen auch ein Stück weit globale Verbindlichkeit.

Unsere Welt hat längst kein Außen mehr. Was woanders passiert, hat Auswirkungen auf unsere Lebensweise und umgekehrt. In solchen Zeiten brauchen wir den Mut zu einer wirklichen Globalpolitik. Nicht nur außen- und sicherheitspolitisch, sondern auch im internationalen Handel und in der Entwicklungshilfe wird das nicht ohne einen echten Paradigmenwechsel gehen. Weltfragen dürfen nicht länger den Interessen der international agierenden Konzerne und imperialistischer Logik unterworfen bleiben. Statt immer höherer Militär- und Rüstungsausgaben müssen viel mehr Mittel in friedenschaffende Maßnahmen und eine neue Entwicklungspolitik fließen. Außerdem werden wir neue Ausgleichs- und Umverteilungsinstrumente auf globaler Ebene benötigen.

So ist es völlig unvernünftig, dass die Budgets des Flüchtlingshilfswerks der Vereinten Nationen (UNHCR) noch immer hauptsächlich durch freiwillige Beiträge von Regierungen, zwischenstaatlichen Akteuren, Stiftungen oder

Privatpersonen bestritten werden. Angesichts konstant hoher oder steigender Geflüchtetenzahlen brauchen wir verbindliche Beitragsumlagen, die der humanitären Hilfe Planungssicherheit und den Betroffenen eine höhere Überlebenssicherheit garantieren. Dann müssen auch weniger Menschen sich dem Risiko einer Flucht nach Europa stellen. Ökonomische Interessen, soziales Elend, die längst greifenden Folgen der Klimakrise, Rückzug in nationalistische Politiken im Gefolge der autoritären Welle – all das befördert Konflikte, und die münden oft in militärische Eskalationen.

Auch deshalb besteht zweitens dringender Handlungsbedarf angesichts der Klimakrise: Institutionen wie der Weltklimarat IPCC oder der Weltbiodiversitätsrat machen inzwischen regelmäßig deutlich, dass unsere Zivilisation in rasantem Tempo ihre eigenen Grundlagen zerstört. Frühere Warnungen vor einschneidenden Veränderungen haben sich noch als zu vorsichtig erwiesen. Die Krise ist schneller. Das Auftauen des Permafrostbodens in vielen arktischen Regionen etwa schreitet mit größerer Geschwindigkeit voran als ursprünglich prognostiziert. Die konservative *Frankfurter Allgemeine* berichtet über aktuelle Umfragen unter Klimawissenschaftler*innen, die davon ausgehen, dass der Anstieg des Meeresspiegels »mit einiger Wahrscheinlichkeit zwei- bis dreimal höher ausfallen« werde als bislang angenommen. Es gibt Wissenschaftler*innen, die inzwischen ganz offen warnen, dass der Menschheit nur noch zehn Jahre bleiben, um »sich vor dem Klimawandel zu retten«.

Es besteht drittens Dringlichkeit angesichts der autoritären Wende: Weltweit haben sich Formen der Herrschaft durchgesetzt, die grundlegende demokratische Ideen mit Füßen treten. Lassen wir uns nicht von der Tatsache täuschen, dass es auch früher schon weit rechts agierende Politiker gab. Der gegenwärtige politische Rechtsruck hat eine andere Qualität. Oft auf demokratischem Weg an die Macht gelangt, unterhöhlen Despoten verfassungsmäßige Rechte – inzwischen selbst in den Zentren dessen, was einmal Westen genannt wurde. Die technologischen Möglichkeiten stärken auf bisher nicht gekannte Weise ihre Herrschaft, etwa durch Überwachung oder Verhaltenskontrolle. Und wir beobachten heute eine engere internationale Kooperation autoritärer Regime. Ihre Aufstiege verstärken sich gegenseitig – und sie sind Treibstoff für die Fahrt in den Abgrund.

Selbst die konservative *Neue Zürcher Zeitung* hat den kritischen Blick auf den digitalen Autoritarismus in China, der immer umfassendere Überwachungssysteme etabliert, auf uns in Europa erweitert. Dabei kommt sie zu einer eindringlichen Warnung. Auch unsere individuellen Freiheiten könnten schon in wenigen Jahren als »Irrtum« erscheinen, dann nämlich, wenn sich die Krisen der »europäischen Demokratien und Marktwirtschaften« verschärfen: »Wir werden uns anstrengen müssen, um auch noch in zehn Jahren attraktive Alternativen zu dieser Pandemie des Herdenverhaltens bieten zu können.« Damit ist ein Gedanke angesprochen, der die Ursachen für den Rechtsruck tief in den Wechselbeziehungen von Wirtschaft und Demokratie verortet. Wir sehen heute, dass dies wirklich passiert. Und nicht nur »woanders«, sondern auch bei uns zu Hause: Bei den Europawahlen

2019 wurden weit rechts stehende Parteien in vier der fünf größten EU-Länder stärkste Kraft. Im Europaparlament waren die Fraktionen der extremen Rechten noch nie so groß wie heute.

Und nicht zuletzt besteht Dringlichkeit angesichts der sozialen Spaltung: Immer wieder hören wir, die Armutsgefährdung sei doch eigentlich gar nicht so groß. Die Relativierung sozialer Ungleichheit greift dabei meist altbekannte Argumentationen auf – etwa das Versprechen, dass »die steigende Flut alle Boote hebt« (Bill Clinton). Davon kann aber keine Rede sein. Ja, der Wohlstand weltweit ist gewachsen. Doch blickt man genauer hin, sieht man die andere Seite der Medaille: Global gesehen nimmt die Einkommensungleichheit zu – seit 30 Jahren und besonders schnell in den USA, China, Indien und Russland. In ihrem »Weltreport über Ungleichheit« hat eine Forschungsgruppe um den französischen Ökonomen Thomas Piketty errechnet, dass, wenn sich diese Entwicklung bis 2050 fortsetzt, die reichsten 0,1 Prozent genauso viel Vermögen besitzen werden wie die globale Mittelschicht. Auch andere Daten belegen die Vertiefung der sozialen Spaltung. Die Zahl der hungernden Menschen steigt wieder an, Schätzungen zufolge haben über 800 Millionen Menschen nicht genug vom nötigsten Essen. Laut Thomas Piketty hat in der Bundesrepublik die Ungleichverteilung Ausmaße angenommen wie zuletzt vor dem Ersten Weltkrieg.[7]

7   https://www.sueddeutsche.de/wirtschaft/einkommensverteilung-deutschland-ist-so-ungleich-wie-vor-100-jahren-1.3791457

Welche Auswirkungen solch eine gravierende Ungleichheit auf Gesellschaften haben kann, hat die Geschichte auf schlimmste Weise gezeigt. Die Folgen sozialer Spaltung können für Menschen und Demokratien nicht weniger zerstörerisch sein als die Treibhausgas-Emissionen für das Klima. Daher reicht es nicht aus, »nur« auf den möglichen Kipppunkt der Klimakrise zu schauen. Ja, einmal geschmolzene Gletscher lassen sich nicht einfach wieder vereisen, darum besteht in der ökologischen Frage höchster Handlungsbedarf. Aber man darf nicht dem Irrtum erliegen, deshalb die Dringlichkeit der sozialen Frage geringer zu schätzen nach dem Motto: Den Kampf gegen die Armut können wir auch noch in zehn Jahren beginnen, da brennt ja nichts an. Nein, auch die Zerstörung individueller Lebens- und Bildungschancen lässt sich später nicht mehr einfach reparieren. Auch die soziale Spaltung kann einen Kipppunkt erreichen. Der lässt sich zwar bisher nicht so leicht messen wie ein steigender Meeresspiegel, aber ohne eine handlungsfähige öffentliche Infrastruktur, ohne gute Bildung, Mobilität, soziale Teilhabe, Gesundheit und Pflege zerfällt die Gesellschaft.

Kurzum, Klima- und Gerechtigkeitskrise hängen zusammen und bedrohen die universelle Idee der Gleichheit und der Menschenwürde. Hier wiederum liegt eine der wesentlichen Ursachen für die gegenwärtigen Gefährdungen der Demokratie und des Friedens. Wir sollten diese Elemente stets in ihrem Zusammenhang denken und auch entsprechende Lösungen suchen. Es wäre fatal, diese Problemlagen und die jeweils von demokratischer Entleerung, sozialer Spaltung und ökologischer Zerstörung Betroffenen gegeneinander auszuspielen.

Linke sagen oft, dass in der Welt irgendwie alles mit allem zusammenhängt: die Ökonomie mit dem Sozialen, das Klima mit der Demokratie und immer so kreuz und quer. Ein solcher Blick mag manchmal kompliziert sein, aber wir brauchen ihn. Denn effektive Lösungen können sich nicht mehr darauf beschränken, an einer Stelle ein Pflaster aufzukleben oder an einer anderen Stelle ein bisschen zu reparieren. Wenn wir im Blick behalten, wie sich Klimawandel, soziale Ungleichheit, demokratische Entleerung und militärische Eskalation gegenseitig verstärken, werden auch unsere Versuche erfolgreicher sein, die Probleme wirksam anzugehen.

Und die Krisen sind nicht vom Himmel gefallen. Die apokalyptischen Reiter des Neoliberalismus sind durch Profitinteressen von der Leine gelassen worden, angefeuert von Propagandisten in den Medien, verantwortet von Teilen der Politik. Was sich längst als »Monster« erwiesen hat, ist inzwischen zu gewaltig und zu groß geworden, als dass die alten Eliten selbst noch die Kraft aufbringen könnten, die destruktiven Kräfte wieder zu bändigen, die sie entfesselt haben. Wenn sie das überhaupt wollen.

Eine nach dem Willen der Herrschenden bloß noch »marktkonforme Demokratie« hat sich selbst für alternativlos erklärt. Sie hat den politischen Wettkampf auf einen schmalen Korridor kaum unterscheidbarer Antworten gezwungen. Das sorgte mit dafür, dass die Rechten stark werden konnten. Wenn sich Parteien kaum noch unterscheiden, sich alles in der »Mitte« drängt, bleibt die politische Vorstellungskraft unterernährt. Eine Folge: Identitäre Sinnstiftung im Namen völkischer Ausgrenzung wurde wieder populär. Was wir längst auf dem Müllhaufen der Geschichte wähnten, ist zurück im Zentrum der öffentlichen Debatte. Armut und Ausgrenzung auf der einen Seite, Hetze gegen Minderheiten und gegen jedes Anderssein auf der anderen Seite wirken wie Anabolika auf die gesellschaftliche Verrohung. Gereiztheit, radikalisiert bis zur Gewalt, prägt den politischen Diskurs. Die Suche nach neuen Lösungen für die vielen bleibt dabei oft auf der Strecke.

Es scheint fast so, als wollte uns der Weltgeist damit noch einmal eine Lektion erteilen über die analytische Kraft der kritischen Theorie. Wie formulierte es doch einst Walter Benjamin, einer ihrer Vertreter, so treffend: »Jeder Aufstieg des Faschismus zeugt von einer gescheiterten Revolution.« Heute belegen der Aufstieg der Rechten in Europa oder die Präsidentschaft von Donald Trump in den USA, wie hellsichtig diese frühe Warnung war: Wo progressive Aufbrüche scheitern oder durch politische Blockaden unmöglich gemacht werden, besteht immer die Gefahr, dass die autoritären Kräfte in das Vakuum stoßen. Dann steht mit ihrer neoliberalen Verfallsform zugleich auch die Demokratie als Ganzes unter Beschuss.

Nun ist Politik natürlich kein Geschichtsseminar, es geht nicht vor allem darum, wessen Theorie sich als richtig erweist. Vielmehr geht es um praktische Veränderung. Deshalb können sich progressive Kritiker*innen der Verhältnisse auch nicht darüber freuen, dass die oben beschriebene Vielfachkrise ihre Warnungen bestätigt hat. Noch etwas ist neu. Inzwischen geht es nicht mehr um strategische Vorlieben, nicht darum, ob man persönlich eher »radikal« oder »pragmatisch« gesinnt ist. Denn in der gegenwärtigen

Situation ist Veränderung keine taktische, sondern eine buchstäblich existenzielle Frage. Die Notwendigkeit für tief greifenden Wandel ergibt sich aus einem grundsätzlichen Problem: Wer möchte, dass die Demokratie erhalten bleibt, der muss dafür sorgen, dass sich unsere Gesellschaft grundlegend verändert.

Hoffnung

Womit wir wieder bei der Frage wären: Apokalypse oder
Aufbruch? Wir können die »Zeit der Monster« auch beenden: Das Klima muss nicht kippen. Der Mangel muss nicht
zur neuen Normalität werden. Wir können die sich anbah-
nende Liaison zwischen Diktatur und Kapitalismus noch
abwenden.

Woher die Hoffnung? Bestärkt wird sie unter anderem
durch die vielen neuen Bewegungen. Menschen machen
sich für Abrüstung oder gegen die dreckige Verstromung
von Kohle stark, sie demonstrieren gegen autoritäre Polizei-
gesetze oder für die Rettung von Menschenleben im Mittel-
meer. Abertausende engagieren sich für solidarische Städte
und gegen Verdrängung. Erzieher*innen, Beschäftigte von
Amazon und Ryanair kämpfen in Streiks für ihre Rechte.
In der Wissenschaft und den vielfältigen Kulturbetrieben
melden sich Menschen zu Wort, widersprechen Hetze und
Lüge. Längst nicht nur Leute aus dem linken Spektrum
machen sich für Antifaschismus stark, engagieren sich
für einen universellen Humanismus, suchen nach neuen
Wegen – heraus aus der Vielfachkrise. Und selbst in Kreisen, in denen das vor ein paar Jahren noch als anstößig galt,
wird offen über Kapitalismus, Ausbeutung, Klassenverhält-
nisse gesprochen.

Man kann diese Aufbrüche im Kleinen und Großen gar
nicht alle aufzählen. Ob #Seebrücke, #Mietenwahnsinn,

#Unteilbar, #Frauenstreik oder #FridaysforFuture – die Themen dieser Bewegungen, dieser neuen Knotenpunkte des Widerstandes und des fröhlichen Denkens und Ausprobierens von Alternativen, sind außerordentlich vielfältig. Doch wenn man genau hinschaut, wenn man bis zur Anatomie dieser Vielfalt vordringt, erkennt man viele Gemeinsamkeiten.

Die erste Gemeinsamkeit lautet: All diese Bewegungen knüpfen an Werten an, die bis weit in die gesellschaftliche Mitte verankert sind. Wenn ein Mensch ertrinkt, schaut man nicht zu, sondern hilft – das sieht man nicht nur bei der NGO Seawatch so. Wenn infolge des Klimachaos unser aller Zukunft auf dem Planeten in Gefahr ist, dreht man nicht Däumchen, sondern rüttelt die Verantwortlichen auf – so wird nicht nur beim Klimastreik der Schüler*innen gedacht. Wenn Menschen massenhaft aus den Innenstädten vertrieben werden, weil die Mieten derart gestiegen sind, muss man handeln – glaubt nicht nur die Initiative »Deutsche Wohnen enteignen«. Und weil das so ist, weil der politische Horizont der Bewegungen mit den Alltagserfahrungen und Moralvorstellungen großer Bevölkerungsteile übereinstimmt, erhalten sie viel Zuspruch weit über den Kreis der sonst »üblichen Verdächtigen« hinaus.

Eine zweite Gemeinsamkeit: Die neuen Protestinitiativen sind alles andere als harmlos. Sie setzen gezielt auf Regelüberschreitung und nehmen dabei für sich persönlich auch Nachteile in Kauf. Die Klimaproteste finden bewusst nicht nach Schulschluss statt, sondern während der Unterrichtszeit – als Streik. Die Jugendlichen riskieren dafür Schulverweise, weil sie ahnen, dass man anders nicht aufrütteln kann. Bei der Initiative »Deutsche Wohnen enteignen« liegt das Aufrüttelnde im Inhalt: Diese Bewegung stellt ernsthaft die Eigentumsfrage. Die Konsequenzen, mit denen Seenotretter*innen rechnen müssen, erfordern besondere Einsatzbereitschaft. Das Engagement dieser Menschen wird mit hohen Geld- oder gar langen Haftstrafen bedroht.

Doch Radikalität ist für diese Bewegungen kein Selbstzweck. Noch so eine Gemeinsamkeit. So scheuen sich die Schüler*innen vom Klimastreik nicht, Vertreter*innen von Parteien und Regierung zu treffen. Nicht nur Protest auf der Straße, sondern auch direkte Ansagen gegenüber den Verantwortlichen – für das Ziel Klimaneutralität. Dabei haben die Schüler*innen die Dringlichkeit auf ihrer Seite, denn mit einem steigenden Meeresspiegel kann man nicht verhandeln. Dringlich sind auch die Anliegen der vielen Initiativen von Mieter*innen: Sie kämpfen gegen drohende Verdrängung oder Wohnungslosigkeit. Das ist keine Frage abstrakter Überlegungen – die Betroffenen brauchen schnelle Ergebnisse. Ähnlich bei den Aktiven der Seenotrettung: Auf der einen Seite dreht sich ihre Argumentation ums Ganze – um die Unteilbarkeit von Menschenrechten. Bei jedem einzelnen Rettungseinsatz wird daraus aber Hilfe für konkrete Menschen, die Rettung von Leben. Aus der Dringlichkeit ihrer Anliegen wird auch hier ein konkreter Arbeitsauftrag, und zwar einer an das gesamte fortschrittliche Lager: Veränderungen nicht nur zu fordern, sondern auch zu bewirken. Ruben Neugebauer von der Seenotrettungs-Initiative Seawatch hat das auf einer Europaveranstaltung meiner Partei im Frühjahr 2019 so formuliert: Aus linken Ideen müssen linke Optionen werden.

Das ist mehr als nur ein Appell, für uns folgt daraus eine zentrale Handlungsmaxime: dafür zu sorgen, dass es endlich Regierungsmehrheiten links der Union gibt und dass diese neuen linken Mehrheiten auch tatsächlich fortschrittliche Politik machen. Eine Politik, die nicht mehr nur über Verdrängung und soziale Spaltung lamentiert, sondern sie ernsthaft überwindet. Eine Politik, die gewährleistet, dass die geretteten Flüchtlinge nicht nur überleben, sondern in einem neuen Leben ankommen können. Eine Politik, die Klimaschutz nicht bloß simuliert, sondern in aller Konsequenz umsetzt.

Neue linke Mehrheiten

Was kommt nach Angela Merkel? Diese Frage klingt angesichts der großen Bedrohungen zunächst nach schnöder Wahlstrategie. Sie kann oberflächlich beantwortet werden, indem man auf jene Köpfe zeigt, die auf dem medialen Karussell als Kandidat*innen mitfahren: Friedrich Merz oder Annegret Kramp-Karrenbauer. Robert Habeck oder Friedrich Merz. Und so weiter. Gewiss scheint nicht mehr viel, weder bei der CDU noch bei der SPD. Nur eins steht fest: Angela Merkel wird nicht noch einmal antreten. Damit ist alles wieder offen. Für alle Freund*innen der Demokratie, der offenen Gesellschaft und der Solidarität geht es hier daher nicht nur um eine Personalfrage. Es geht um weit mehr. Und deshalb müssen wir auch weit über den Tellerrand parteipolitischer Arithmetik hinausdenken.

Die zentrale Frage lautet: Welchen Kurs schlägt dieses Land ein? Kippt auch die Bundesrepublik nach rechts? Kaufen wir uns mit der notdürftigen Modernisierung eines schon gescheiterten Modells nur Zeit? Oder aber: Schaffen wir es endlich, neue gesellschaftliche Mehrheiten für die dringende sozial-ökonomische Wende in ein Regierungsprojekt zu übersetzen?

Das sind die vor uns liegenden Optionen. Und natürlich sind die Varianten hier nur grob skizziert. Aber so wird besser sichtbar, dass es tatsächlich um eine Richtungsentscheidung geht. Alle werden sich positionieren müssen: Parteien,

Gewerkschaften, Unternehmen, Verbände, Bewegungen, Kultur, Zivilgesellschaft, Wissenschaft. Und wir, die wir auf neue linke Mehrheiten für eine neue soziale Demokratie setzen, auch wir werden Farbe bekennen müssen. Weil es um uns alle geht, weil wir hier in der Bundesrepublik, mitten im Herzen der Europäischen Union, einen neuen Aufbruch brauchen. Gemeinsam mit unseren Organisationen und Kolleg*innen, mit unseren Freund*innen und Nachbar*innen, mit unseren Familien und selbstverständlich mit vielen, mit denen wir nicht in jeder einzelnen Frage schon übereinstimmen.

Grob skizziert gibt es drei Möglichkeiten: den Weg in einen noch autoritäreren Kapitalismus, eine neoliberale Variante mit grünem Anstrich oder eine sozial-ökonomische Wende.

Jeder dieser Entwicklungsmöglichkeiten entspricht auch hierzulande eine parteipolitische Konstellation. Natürlich gibt es dabei Grauzonen, aber die Tendenz ist klar: Der autoritäre Kapitalismus findet seine parteipolitische Entsprechung im Schwarz-Blau-Braun, ergo in einer möglichen Koalition aus Union und AfD, eventuell ergänzt durch die FDP. Vor einigen Jahren behauptete der ungarische Ministerpräsident Viktor Orbán, dass die liberalen Demokratien »in den kommenden Jahrzehnten nicht imstande sein werden, ihre globale Wettbewerbsfähigkeit aufrechtzuerhalten«.[8] Er plauderte damit aus, was Rechtsradikale mit vielen Markt-

8   Viktor Orbán: Rede des ungarischen Ministerpräsidenten auf der 25. Freien Sommeruniversität in Băile Tușnad (Rumänien) am 26.7.2014. Zitiert nach Claus Leggewie: *Anti-Europäer. Breivik, Dugin, al-Suri & Co.* Berlin, Suhrkamp 2016.

radikalen verbindet: ihre Begeisterung fürs Autoritäre. Der Erbarmungslosigkeit der Weltmarktkonkurrenz soll mit Rückbau der Demokratie, verschärfter Ausgrenzung und nationalistischem Rückzug entsprochen werden. Auf diesem Irrweg mag es Unterschiede geben, aber die Gemeinsamkeit von Orbán bis Trump liegt in ihrer Befürwortung einer »illiberalen Demokratie«. So wird bestenfalls eine Krise gegen die andere ausgespielt, und insgesamt werden sich die Verhältnisse nur noch weiter verschärfen.

In der Bundesrepublik ist nicht zuletzt aus Verantwortung vor der Geschichte besondere Wachsamkeit angesichts möglicher Tendenzen in diese Richtung gefragt. Und es gibt einige erschreckende Indizien, dass ein neuer Faschismus Zulauf erhält. So bekommt die Brandmauer gegenüber der rechtsradikalen AfD in Kreisen der Union längst Risse. Seit Jahren erleben wir eine Serie von angeblichen »Einzelfällen«, die zeigen, wie weit ein Teil der Sicherheitsbehörden schon auf eine gefährliche Rutschbahn nach rechts außen geraten ist.

Die immer schärferen Debatten über Migration, Verschwörungstheorien eines ehemaligen Verfassungsschutz-Präsidenten, verbale Tabubrüche – so wird ein brauner Teppich gewebt, auf dem die Vergangenheit aufmarschiert. Je mehr Konservative versuchen, mit der Übernahme rechter Parolen der AfD das Wasser abzugraben, desto erfolgreicher schreitet diese voran. Aber getrieben werden kann nur, wer sich treiben lässt. So mancher Konservative setzt verstärkt auf einen autoritären Staat: Und das bedeutet Krisenbekämpfung durch Schleifen der sozialen und demokratischen Errungenschaften sowie Autoritarismus, um wenigstens Teile des gescheiterten neoliberalen Geschäftsmodells zu retten. Dabei wird auch der Zerfall der multilateralen Zusammenarbeit in Kauf genommen. Das ist wirtschaftlich zwar widersinnig, aber aus der Perspektive einer »Oligarchie der Superreichen« (Bernie Sanders) sieht es immerhin nicht wie eine Gefährdung der eigenen Privilegien aus. Doch je schärfer die Krisen, umso grässlicher sind die Gestalten, die aus ihnen hervorgehen: Trump, Erdoğan, Modi, Gauland, Orbán, Johnson, Putin, Salvini – die Internationale der Mauerbauer und Ausgrenzer, der Demokratieverächter und Marktanbeter wird größer.

Es gibt eine zweite Möglichkeit, an der Wegscheide abzubiegen – in Richtung einer Fortsetzung des alten neoliberalen Modells, wahrscheinlich verbunden mit etwas ökologischer Modernisierung. Diese Variante ist hierzulande auf parteipolitischer Ebene mit dem Kürzel Schwarz-Grün verbunden. Schon länger trommelt ein Teil des medialpolitischen Komplexes für ein solches Bündnis. Doch mit einem schwarz-grünen Update des Bestehenden werden wir die Krise ebenso wenig überwinden. So modern und ökologisch es aussehen mag, sosehr es sich inzwischen auch mit den Interessen von immer mehr Wirtschaftsbranchen deckt, sosehr die Fassade des Modells mit wohlklingenden Begriffen verschönert wird – es bleibt unrealistisch, dass dieses Modell die Probleme lösen und die Krisen wirklich entschärfen wird.

Normalerweise muss sich den Vorwurf, unrealistisch zu sein, die gesellschaftliche Linke anhören. An dieser Stelle drehen wir den Spieß einfach um. Denn die Apologet*innen des Machbaren unterschlagen eines: Eine Überwindung von Klimawandel und Gerechtigkeitskrise wird nicht durch die freiwillige Selbstverpflichtung derjenigen erreicht werden, die sie verursacht haben. Auch im freundlichsten Gesprächskreis mit dem Bundesverband der Industrie und den Großbanken wird das nicht zu machen sein. Dort werden Interessen vertreten, für die aus »binnenrationalen« Gründen der Kontostand oder die Umsatzzahl Vorrang hat vor der Rechnung, die ihr Agieren letztlich Menschen und Umwelt überall präsentiert.

Zwischen einer sozial-ökonomischen Wende und einem schwarz-grünen Weiter-so bestehen grundlegende wirtschaftspolitische Unterschiede. Wir reden hier über Konflikte, die auf tiefer liegenden Differenzen beruhen: Es geht nicht zuletzt um die Frage, wie es gelingen kann, unter den heutigen Bedingungen hoher gesellschaftlicher Komplexität und angesichts der krisenbedingt sehr begrenzten Zeit politische und ökonomische Dynamiken, wissenschaftliches Wissen und rechtliche Formen produktiv und in einem progressiven Sinn aufeinander zu beziehen.

Wer wissen möchte, wie eine systemtheoretische Begründung für Schwarz-Grün lauten kann, ist bei Armin Nassehi ganz richtig. Der Professor für Soziologie an der Universität München und Berater einiger Grüner sieht »Bündnisse von Akteuren unterschiedlicher Systemlogiken« als notwendig an. Politik könne heute nur noch funktionieren, wenn man die »unterschiedlichen gesellschaftlichen Logiken und Systeme angemessen aufeinander bezieht«. Nassehi will Möglichkeiten dafür schaffen, dass sich »unterschiedliche Logiken gegenseitig verunsichern« und »Übersetzungskonflikte hart ausgetragen werden können«. Das klingt genau nach den grünen Versuchen, sich in eine allseits anschlussfähige »Bündnispartei« zu verwandeln. Darin soll dann eine Antwort auf das Komplexitätsproblem liegen.

Doch diese Herangehensweise lässt einen wichtigen Aspekt außen vor: So richtig es durchaus ist, dass die Ausdifferenzierung unserer Gesellschaft in den vergangenen Jahrzehnten auch zu Wohlstands- und Autonomiegewinnen für einige geführt hat, so sehr wäre die bloße Verlängerung des »Komplexitätsmanagements« auch eine Verlängerung der Krisenhaftigkeit des neoliberalen Systemarrangements. Denn es gibt hier eben nicht nur »Kommunikationsprobleme«. Klimawandel und soziale Ungleichheit sind keine Missverständnisse. Sie sind das Ergebnis von Interessen. Und wer sie überwinden will, muss gegenüber Konzernen und Superreichen die Machtfrage stellen. Klingt hart? Ist aber so.

Das zeigt auch die erste schwarz-grüne Regierungskoalition in Österreich. Für etwas mehr Klimaschutz nehmen die dortigen Grünen sowohl die autoritäre Abschottungspolitik wie die neoliberale Wirtschaftspolitik der rechtskonservativen ÖVP hin. So lässt sich weder das Klima noch die Demokratie schützen – von einem sozialökologischen Umbau unserer Wirtschaftsweise ganz zu schweigen.

Ein moderierendes »Weiter so«, und sei es mit grünem Anstrich versehen, löst nicht die Probleme, die sich in den vielfältigen Krisen unserer Zeit zeigen. Auf einem solchen Weg würden die systemischen Ursachen weitgehend unangetastet bleiben. Und die aktuellen Herausforderungen – sozialer Zusammenhalt, Ökonomie, Arbeit, Migration,

Klima, Demokratie – werden so nicht in dem dringend nötigen Maße bearbeitet. Das aber ist eine Voraussetzung dafür, den Rechten und Autoritären beizukommen. Wenn die fortschrittlichen Kräfte nicht die systemischen Ursachen in Angriff nehmen, fällt es den Rechten leichter, weiter die Pose der »Systemkritik« einzunehmen. Was sie letztlich noch stärkt.

In Politik und Medien glauben trotzdem nicht wenige, sowohl das liberale Erbe von Angela Merkel als auch das Weltklima retten zu können, indem sie auf eine schwarz-grüne Koalition orientieren. Doch tatsächlich wäre Schwarz-Grün das Gegenteil eines »vernünftigen Realismus«. Und daran würde sich erst recht nichts ändern, wenn man aus Mehrheitsgründen auch noch die FDP dazunehmen müsste. Denn Schwarz-Grün ist letztlich die Übersetzung des Macronismus in die deutsche Parteienlandschaft. Gegen einen »deutschen Macronismus« spricht, dass soziale Sicherheiten für die vielen greifbar werden müssen. Sonst bleiben liberale Freiheitswerte ein vergoldetes Privileg der wenigen – und Klimaschutz eine Frage des individuellen Kontostandes. Wenn sich die Menschen aber zwischen ihren materiellen Sorgen am Monatsende und der Angst vor dem Weltende entscheiden müssen, wird nichts Gutes dabei herauskommen.

Ein Beispiel für diesen Irrweg ist die nationale Industriestrategie 2030, welche CDU-Wirtschaftsminister Peter Altmaier 2019 vorgelegt hat.[9] Sie sieht im Einzelfall zwar

9   Bundesministerium für Wirtschaft und Energie: Nationale Industriestrategie 2030. Strategische Leitlinien für eine deutsche und europäische Industriepolitik. Berlin 2019.

Eingriffe in Geschäftspolitiken vor, allerdings nur zur Aufrechterhaltung des schädlichen Geschäftsmodells als Ganzem. Ähnlich verhält es sich mit den Versuchen einer marktgesteuerten Lösung der Klimakrise. So schön ein »breites gesellschaftliches Mainstreambündnis für die Sicherung des menschlichen Lebensraums durch ernsthafte Klimapolitik, emissionsfreies Wirtschaften, emissionsarme Mobilität und die Reduzierung der Industriefleischproduktion« (Peter Unfried) auch klingt, so unwahrscheinlich ist es – wenn wieder nur auf den Markt gesetzt wird. Hier ist die Grenze aller schwarz-grünen Phantasien markiert: Zwar gibt es inzwischen Ansätze einer ökologischen Marktsteuerung, diese übersehen aber, dass man das neue Ziel (sozial-ökologische Wirtschaft) nicht mit den alten Mechanismen (Marktdominanz) erreichen kann.

»Probleme kann man niemals mit derselben Denkweise lösen, durch die sie entstanden sind«, hat Albert Einstein einmal formuliert. Auch der sozialdemokratische Regierende Bürgermeister von Berlin, Michael Müller, liegt richtig, wenn er sagt, zu viele glaubten immer noch, dass »die gewohnten traditionellen Strukturen« dem Wandel, mit dem wir es zu tun haben, »gewachsen seien und es schon nicht so schlimm werde«.[10] Michael Müller nennt diese »Behäbigkeit« völlig zu Recht »gefährlich«. Ein Weiter-so mit grünem Anstrich wird es nicht bringen. Die Modernisierung bestehender Ungerechtigkeiten ist kein Ausweg.

---

10 Michael Müller: »Genossen, schaut auf diese Stadt!«, in: *Tagesspiegel.de* vom 6.7.2019, https://www.tagesspiegel.de/politik/michael-mueller-zur-spd-zukunft-genossen-schaut-auf-diese-stadt/24530922.html

Wir können uns eine Fortsetzung im alten Modus einfach nicht mehr leisten. Denn inzwischen wissen wir: Wer immer nur das Schlimmste verhindern will, wird am Ende genau das bekommen: das Schlimmste.

Was wäre also die Alternative? Aus unserer Aufzählung ist noch die dritte Möglichkeit übrig: neue linke Mehrheiten, die eine sozial-ökonomische Wende einleiten. Es ist ja nicht so, dass man aus bloßer Lust an der radikalen Forderung für weitreichende Veränderungen eintritt. Sondern man tut es aus Einsicht in ihre Notwendigkeit. Dass andere jede Forderung nach einem Umbau der Produktionsweise, nach neuen Möglichkeiten der Mitbestimmung gern als sozialistisches Teufelszeug abtun, damit müssen wir Linken auch wegen unserer eigenen Vergangenheit leben.

Aber es geht jetzt eben nicht um irgendein sozialistisches Tabula rasa am Ende aller Tage, sondern darum, dass die Potenziale dieser Gesellschaft endlich für alle zum Tragen kommen. Es geht darum, auf die vielfältigen Krisen so zu reagieren, dass ein positives Nachdenken über mögliche Zukünfte überhaupt wieder eine Grundlage erhält. Auf Trümmern wächst auch die beste Alternative nicht besonders gut.

Natürlich ist ein sozial-ökologischer Aufbruch, ist ein Bündnis neuer linker Mehrheiten nichts, was man nebenbei und ohne große Anstrengungen bekommen wird. Wenn es einfach wäre, wären die bestehenden parlamentarischen Mehrheiten, die es 2005 und 2013 im Bundestag gab, ja genutzt worden. Das war bekanntermaßen nicht der Fall. Diese Unterlassung ist vor einigen Jahren schon als der »Umbruch, der ansteht, aber nicht eintritt«, beschrieben worden.[11] Und manches von dem, was nun vor uns liegt, ist eine Folge davon. Dieser Weg ist auch heute kein einfacher. Für die einen, weil sie insgeheim immer noch die vertraute Juniorpartnerschaft mit der Union dem unbekannten Neuen vorziehen. Für die anderen, weil sie aus guten Gründen prinzipiell skeptisch gegenüber Regierungsbeteiligungen sind. Für viele, weil sie die Hoffnung auf Veränderung zum Besseren schon aufgegeben haben.

Jede*r kennt sicherlich jemanden, der oder die angesichts all der notwendigen Veränderungen eine nostalgische Haltung zur Vergangenheit einnimmt. Bei manchen mögen es rein biografische Gründe sein. Wer erinnert sich nicht gerne an seine Jugendjahre, als auch in der eigenen Biografie noch so vieles möglich schien. Das ist menschlich verständlich, aber politisch keine erfolgversprechende Strategie. Denn die Zukunft kann nur im Vorwärtsgang verteidigt werden. Viel zu lange haben sich die fortschrittlichen Kräfte in diesem Land mit dem »kleineren Übel« abgefunden. Viel zu lange haben fortschrittliche Kräfte darauf gesetzt, dass Angela Merkels Union gegenüber den Trumps und Erdoğans vergleichsweise vernünftig wirkt. Viel zu lange haben wir es nicht geschafft, das Wagnis neuer linker Mehrheiten für eine sozial-ökonomische Wende einzugehen.

Aber wir können das ändern. Dazu gehört eine gute Portion Realismus. Wir sollten uns über die enormen Widerstände, mit denen eine Mitte-Links-Regierung konfrontiert sein wird, im Klaren sein. Nicht um uns wegzuducken,

---

11 Stephan Lessenich, Mario Neumann, Thomas Seibert und Andrea Ypsilanti (Red.): *Anders regieren? Von einem Umbruch, der ansteht, aber nicht eintritt*, hg. v. Institut Solidarische Moderne. Hamburg, VSA:Verlag 2014.

sondern um sie zu parieren. Wir sollten über die Notwendigkeit gesellschaftlichen Drucks sprechen, weil ein neuer Aufbruch auch neuen demokratischen Treibstoff braucht. Wir sollten uns über die Widersprüche, die jeder Schritt wirklicher Veränderung in sich trägt, offen Rechenschaft ablegen, weil man sie nicht wegschweigen kann, sondern politisch bearbeiten muss.

Rein rechnerische Mehrheiten oder parteipolitische Klüngeleien machen noch keine Regierung der Veränderung. Wir werden anknüpfen können an vielem, was schon geleistet wurde – und wir werden an manchen Stellen vor ganz neuen Fragen stehen. Wir müssen vorbereitet sein, und das Beste dafür ist, ins Gespräch zu kommen: im Parlament ebenso wie auf der Straße, in den Betrieben und in den Stadtteilen, über die Grenzen unterschiedlicher Milieus hinweg.

Hierin liegt eine der besonderen Herausforderungen. Gerade sie kann für neue linke Mehrheiten auch zu einer besonderen Stärke werden: Wir brauchen in diesen Zeiten Ansätze, die sowohl diejenigen überzeugen, denen es in den vergangenen Jahren nicht schlecht ging, als auch diejenigen, die skeptisch in die Zukunft blicken. Wir wollen die für unseren Weg begeistern, die schon Lust auf Veränderung haben. Und wir dürfen jene nicht vergessen, denen das Sorgen macht, weil Veränderung für sie bisher hieß, etwas zu verlieren – den Job oder die Sicherheit oder die Anerkennung.

Wenn wir von neuen linken Mehrheiten sprechen, dann liegt darin auch das Angebot einer Versöhnung. Lasst uns nicht immer nur darüber reden, was die Klimaaktivistin,

den Kohlekumpel und die Rentnerin trennt. Lasst uns darüber sprechen, was den Facharbeiter, die Feministin und
die Forscherin verbindet. Reden wir über unsere unterschiedlichen Erfahrungen, weil wir von den Perspektiven
der anderen immer etwas lernen können – und diese von
uns. Begreifen wir unsere Unterschiedlichkeit als einen
Vorteil.

Eine politische Ökonomie des Gemeinsamen

Da so viel auf dem Spiel steht, müssen wir heraus aus der Defensive. Dazu brauchen wir den Mut zu großen Erzählungen. Es geht ums Ganze – um Schritte hin zu einer anderen politischen Ökonomie. Das autoritäre Staatsprojekt der Rechten lässt sich nur mit einer anderen Wirtschaftspolitik besiegen. Weil nur diese wirklich etwas gegen Klimakrise, soziale Spaltung, Demokratieabbau und militärische Eskalationen bewirkt. Das heißt: Es gilt, der entfesselten Ökonomie mit einer neuen Idee des Wirtschaftens entgegenzutreten.

Die Aufgabe ist groß. Aber die gute Nachricht lautet: Wir fangen nicht bei null an. An vielen Orten, in Parteien, Stiftungen, Verbänden, Gewerkschaften und Initiativen sind in den vergangenen Jahren Konzepte für eine andere Steuer-, Wirtschafts- und Arbeitsmarktpolitik formuliert worden. Expert*innen und Praktiker*innen haben sich über Alternativen nicht nur Gedanken gemacht, es wird auch schon damit begonnen, sie umzusetzen, das Neue auszuprobieren. Ob es dabei um die Energiewende oder gerechten Handel geht, um neue Produktionsverfahren oder eine sinnvollere Verteilung von Ressourcen und Möglichkeiten, alle diese Alternativen haben einen gemeinsamen Horizont: Sie betonen die produktive Kraft einer öffentlichen Infrastruktur, die nicht am kurzfristigen Profit, sondern am gesellschaftlichen Bedarf ausgerichtet ist. Das gemeinsame

Ziel all dieser Anstrengungen ist es, dass sich die Ökonomie wieder stärker an den Interessen der vielen statt an der Rendite der wenigen orientiert.

Dieses Paradigma, das man eine Politische Ökonomie des Gemeinsamen nennen könnte, ist längst nicht mehr nur eine abstrakte Utopie. Vielmehr ist es die kapitalistische Ordnung selbst, die Keimformen einer neuen Produktionsweise ausbrütet. Mehr noch: Ohne eine öffentliche, dem Markt entzogene Infrastruktur kann der Kapitalismus langfristig nicht existieren. Der Markt lebt von Bedingungen, die er selbst nicht schaffen kann: Bildung etwa, auch Straßen und Sozialsysteme oder wissenschaftliche Innovationen. Mehr noch: Von der Leine gelassen, tendiert der Markt ganz offensichtlich dazu, ebendiese gesellschaftlichen Bedingungen zu zerstören. Die Bilanz der Privatisierungen der vergangenen Jahrzehnte ist verheerend.

Digitalisierung

Gleichzeitig bringt jede Runde der Rationalisierung neue Möglichkeiten hervor. Doch diese Möglichkeiten bleiben gefesselt, solange die alten Verhältnisse dominieren. Digitalisierung und Industrie 4.0 zum Beispiel schaffen vielfältige Potenziale. Die Vernetzung von Menschen und Maschinen durch Software und Internet bedeutet einen massiven Sprung in der Produktivität, eine vierte industrielle Revolution. Der technische Fortschritt könnte eine demokratische Gestaltung von Produktion und Verteilung erleichtern. Wenn immer mehr in immer kürzerer Zeit produziert wird, kann dies mehr Zeitwohlstand für alle schaffen. Innerhalb der bestehenden Eigentumsordnung werden diese Potenziale jedoch kaum realisiert.

Die Digitalisierung betrifft fast alle gesellschaftlichen Bereiche: Industriearbeit wie Dienstleistungen, Pflege wie Gesundheit, Bildung wie Demokratie. Sie ist nicht nur ein technologisches Phänomen. Sie basiert auf sozialer Kooperation und Wissensarbeit. Während Digitalisierung auf der einen Seite neue Möglichkeiten zur selbstorganisierten Vernetzung und Kooperation schafft, bringt sie zugleich auch neue Hebel der Ausbeutung hervor. Ob das eine oder andere passiert, ist kein Zufall, sondern eine politische Frage. Wie Technik eingesetzt wird, entscheiden Menschen. Der technische Fortschritt kann einerseits Gemeingüter wie genossenschaftlich organisierten Wohnraum oder eine für alle zugängliche Organisation der urbanen Mobilität ermöglichen. Andererseits kann er zu noch mehr Kontrolle am Arbeitsplatz, noch mehr Dominanz von großen Plattformen, noch mehr Profitorientierung führen. Zumal mittlerweile 3,7 Prozent der Treibhausgas-Emissionen und sieben Prozent des weltweiten Stromverbrauchs auf das Konto der digitalen Technik gehen.[12]

Was zum Tragen kommt, hängt davon ab, welche Entscheidungen verbindlich gemacht werden. Lasst uns dazu antimonopolistische Bündnisse schmieden, denn eine Demokratisierung der Digitalisierung wird nicht an der Machtfrage vorbeikommen. Hebel zur Durchsetzung

---

12 Dieser Anteil ist fast doppelt so hoch wie der Beitrag der zivilen Luftfahrt (2 %) zum weltweiten Schadstoffausstoß. Siehe dazu auch: https://theshiftproject.org/wp-content/uploads/2019/03/Lean-ICT-Report_The-Shift-Project_2019.pdf

gesellschaftlicher Interessen gegenüber den großen Plattformen finden wir nicht nur im Kartellrecht oder in einer aktiven Marktzutrittspolitik, sondern auch in gemeinwohlorientierten Alternativen, die Mitgestaltung etwa über Nutzerbeiräte ermöglichen. Beim Thema Digitalisierung geht es um mehr als um Datenschutz. Es geht um die Macht und unsere Demokratie.

Commons

Ein wichtiger Pfeiler einer Politischen Ökonomie des Gemeinsamen sind die Gemeingüter, auch Commons genannt. Sie orientieren sich weniger an Kriterien ökonomischer Verwertbarkeit, sondern beziehen ihre Attraktivität aus dem Gebrauchswert für ihre Nutzer*innen und ihre Produktivität aus der Beteiligung von möglichst vielen. Die gesellschaftlichen Beziehungen werden hier selbst zum Produktionsmittel. In der Gegenseitigkeit und Gemeinsamkeit der Menschen wächst die Produktivität, nicht als Folge gegenseitiger Konkurrenz. Darin zeigt sich im Kleinen die postkapitalistische Morgenröte einer neuen Zeit – und das macht Hoffnung auf große Veränderungen.

Wenn wir also über eine grundlegende Umwandlung der Ökonomie reden, geht es um weit mehr als die klassische Sekundärverteilung. Dieser Begriff bezeichnet die nachträgliche Umverteilung von Ressourcen über Steuern und Sozialleistungen. Über diesen Weg können Ungleichheiten gemindert werden. Das wird auch künftig notwendig sein, jedoch dürfen wir uns nicht länger darauf beschränken. Warum? Weil wir weiter von einem Wirtschaftsmodell abhängen würden, das seine eigenen Grundlagen zerfrisst. Die Alternative sollten wir uns aber nicht als eine düstere Mangelökonomie vorstellen, sondern als Gewinn von neuer Freiheit. Es geht schließlich auch darum, ein Leben jenseits vom sinnentleerten »Rennen, Rackern und Rasen« (Katja Kullmann) des Finanzkapitalismus zu ermöglichen.

Zugleich ist klar: Wir befinden uns erst am Anfang eines langen Prozesses. Die Dialektik der Digitalisierung zeigt sich heute darin, dass technische Potenziale immer öfter in soziale Zumutungen umschlagen, statt das ihnen innewohnende Progressive zum Tragen zu bringen. Noch immer wird eine Minderheit gut bezahlter Wissensarbeiter*innen gegen eine wachsende Mehrheit von prekär Beschäftigten, rechtlosen Nutzer*innen und Scheinselbständigen ausgespielt. Das wird so bleiben, solange sich an den Verhältnissen nichts Grundlegendes ändert. Wir brauchen folglich neue Ideen, wie wir die neoliberale Version des Plattformkapitalismus hacken und neu programmieren können.

Ein ökonomischer Paradigmenwechsel wird also seine Chancen auch darin sehen, die schon bestehenden Strukturen eines kooperativen Wirtschaftens auszubauen. Wer eine Politische Ökonomie des Gemeinsamen anstrebt, muss heute ihre Keimformen schützen. Mehr noch kommt es darauf an, diese Keimformen zu fördern, so dass sie jetzt schon kleine Einstiege in den großen Ausstieg aus dem Krisenkapitalismus schaffen. Das Morgen beginnt im Heute. Wir stehen jetzt vor der Wahl, ob die neuen Technologien weiterhin ein Werkzeug der Ausbeutungsmaschinerie bleiben. Oder ob es uns gelingt, sie zu Keimzellen von Kooperation und Transparenz zu machen. 3D-Drucker, kollektive Eigentumsformen und Tauschbörsen wären dann die Vorboten einer »klaren, lichten Zukunft« (Paul Mason). Einer Zukunft, in der die eigene Arbeit tatsächlich zu einem allgemeinen Wohlstand beiträgt. Eine so verstandene Wirtschaftspolitik könnte der Antrieb einer modernen Wirtschaft in einer lebendigen Demokratie sein.

Infrastruktursozialismus

Die von mir vorgeschlagene Umstellung von Produktion und Konsum ist heute noch postkapitalistische Zukunftsmusik. Aber sie wird lauter. Die Attraktivität des Anderen wird spürbarer. Eine Politische Ökonomie des Gemeinsamen ist möglich. Dabei gibt es viele Wege, wir werden uns darüber austauschen müssen, welche die richtigen sind. Ein »Mix aus Eigentumsformen, von der Energie- bis zur Gesundheitsversorgung, ermöglicht durch nationale Regionalpolitik, die auf lokale Selbstorganisation und Selbstregierung setzt«, wie es Wolfgang Streeck formuliert, muss erst noch erprobt werden.[13] Die Redaktion des Magazins *prager frühling* hat dafür den Begriff »Infrastruktursozialismus« geprägt.[14] Wer sich von diesem Begriff eher abgeschreckt fühlt, sollte zu seinem Wesenskern vordringen: Ich verstehe darunter eine universelle Grundversor-

13 Wolfgang Streeck in: *Die Ökonomie des Alltagslebens. Für eine neue Infrastrukturpolitik.* Berlin, Suhrkamp 2019.

14 »Ein Beitrag gegen die Krise. Plädoyer der Redaktion für Infrastruktursozialismus«, in: *prager frühling. Magazin für Freiheit und Sozialismus*, Juni 2009. https://www.prager-fruehling-magazin.de/de/article/302.ein-beitrag-gegen-die-krise.html

gung, die nicht auf mehr Markt setzt, sondern ihn begrenzt und sich am Gemeinwohl orientiert. Solch eine universelle Grundversorgung schafft beispielsweise ausreichend bezahlbaren Wohnraum, flächendeckenden gebührenfreien Bus- und Bahnverkehr, Barrierefreiheit, wohnortnahe und gebührenfreie Kita-Plätze sowie ein angemessenes Breitbandangebot auch in den ländlichen Regionen.

Gleichzeitig müssen die schon bestehenden Ansätze einer Gemeinwohlökonomie und der öffentlichen Infrastruktur gegen immer neue Versuche der Plünderung durch Konzerne, Investmentfonds und Großbanken verteidigt werden.

Diese Einsicht hat Folgen für unsere Strategie. Um eine bessere Zukunft zu erstreiten, müssen wir die fortgeschrittensten Elemente der Gegenwart nutzen. Was wir dazu brauchen, nenne ich pragmatischen Radikalismus: einen politischen Richtungswechsel, der im Bestehenden ansetzt und zugleich auf eine grundlegende Umgestaltung abzielt. Rosa Luxemburg prägte vor über hundert Jahren den Begriff »revolutionäre Realpolitik«. Übersetzt auf heute könnte man sagen: Es kommt darauf an, die Nahperspektive mit der Fernperspektive zu verbinden. Konkrete Verbesserungen im Jetzt umzusetzen und zugleich auf eine andere Wirtschaftsweise hinzuarbeiten.

Ein neuer Anlauf

An der Schnittstelle von radikaler Vision und politischem Pragmatismus kann das Projekt neuer linker Mehrheiten ansetzen. Es geht um einen umfassenden Transformationsprozess, in dem sich die Demokratie in neuer Qualität entfalten kann.

Konkreter: Wir wollen sozialen und ökologischen Wirtschaftszweigen auf ihrem höchsten technologischen Stand zum Durchbruch verhelfen. Das heißt auch, sie in der Europäischen Union zu neuen Leitsektoren zu machen, die Folgen der derzeitigen Misswirtschaft abzufedern – und damit zugleich die Ansätze einer bedürfnisorientierten, demokratischen Wirtschaft zu entwickeln. Das ist ein Projekt, das Linke, Sozialdemokrat*innen, Ökolog*innen und Sozialliberale vereinen kann. Wie der historische New Deal unter Roosevelt seinerzeit handelt es sich bei dieser Transformation um ein mehrdimensionales Unterfangen, das nicht von einem Akteur allein zu bewerkstelligen ist. Vielmehr weist das Unterfangen selbst vielfältige Zugänge auf – und reflektiert insofern die Vielfalt moderner Gesellschaften.

Erst im Zusammenspiel der verschiedenen Kompetenzen und gesellschaftlichen Verankerungen kann eine derart große Aufgabe gelingen. Um es an einem Beispiel zu illustrieren, das für eine Zusammenarbeit der drei Parteien links der Union spricht: die Energiewende. Klar ist, konsequenter Klimaschutz gelingt nur mit einem raschen Ausbau erneuerbarer Energien. Die Kompetenz der Grünen und ihres gesellschaftlichen Umfelds bei der Förderung von erneuerbaren Energien ist bekannt. Nun besteht aber leider die Gefahr, dass der Ausstieg aus der Kohle zum sozialen Bumerang wird, der den rechten Klimaleugnern noch mehr Wähler*innen in die Arme treibt. Um das zu verhindern, müssen wir den Wandel mit sozialen Maßnahmen wie Beschäftigungs- und Einkommensgarantien für die bisher in der Kohlegewinnung und -verstromung Beschäftigten flankieren. Hier sind die gewerkschaftliche Verankerung der SPD und die Verankerung der LINKEN im Osten wichtig. Zudem muss verhindert werden, dass höhere Heiz- und Stromkosten dazu führen, dass Ärmere zum kollektiven Frieren im Dunkeln verurteilt sind. Hier kommt die soziale Kompetenz der LINKEN ins Spiel, die dazu bereits Konzepte vorgelegt hat. Und last but not least: Energiewende heißt auch, dezentrale Lösungen zu stärken. Schließlich sollen nicht neue Energiemonopole und damit neue Abhängigkeiten entstehen. Dafür ist pragmatische Umsetzungskraft vor Ort ebenso nötig wie die Bereitschaft, sich mit den großen Energiekonzernen anzulegen. Auch dabei ist die Verschiedenheit der drei Parteien links der Union hilfreich – so sie denn zusammen ihre Wirkung entfalten.

Dreischritt der sozial-ökonomischen Wende

Wie kann die sozial-ökonomische Wende aussehen? Ich stelle mir dazu einen Dreischritt vor: Erstens sollten wir damit beginnen, den Reichtum von oben nach unten umzuverteilen, die Produktion vom Export zur Binnennachfrage neu auszurichten und die Geldströme von den Finanzmärkten in öffentliche Zukunftsinvestitionen umzulenken. Wie notwendig öffentliche Investitionen sind, verdeutlicht folgende Zahl: Derzeit beläuft sich der Investitionsstau in Deutschland laut KfW-Bank auf etwa 138 Milliarden Euro. Zweitens sollten wir klare Regeln für Konzerne erlassen, die diese auf sozial und ökologisch verträgliche Produktion inklusive Arbeitszeitverkürzungen festlegen. Das gilt für hierzulande hergestellte ebenso wie für importierte Produkte. Und drittens sollten wir die Daseinsvorsorge komplett dem Markt entziehen und neue Formen des wirtschaftlichen Eigentums wie solidarische Ökonomien ausbauen und finanziell fördern.

Ein solcher Aufbruch erfordert natürlich die Bereitschaft, sich von einem der folgenreichsten neoliberalen Irrglauben zu verabschieden: der Schuldenbremse. Das dahinter stehende Denken in den Grenzen einer »Schwarzen Null« wurde mit Verweis auf die »schwäbische Hausfrau« eingeführt. Die Behauptung lautete: Diese Hausfrau wisse, dass man nur das ausgeben könne, was man zuvor eingenommen hat. Was bei diesem verzerrten Bild aber immer verschwiegen wurde: Volkswirtschaften funktionieren anders als Privathaushalte. Ein privater Haushalt funktioniert tatsächlich wie eine Badewanne: Es kann nur so viel Wasser herausfließen, wie vorher eingelassen wurde. Volkswirtschaften funktionieren hingegen wie ein Wasserkreislauf: Je mehr Wasser eingespeist wird, umso mehr ist dann auch im Umlauf. Auch Roosevelt setzte seinerzeit auf eine expansive Fiskalpolitik und auf wirtschaftliche Anreize durch öffentliche Investitionen.

Wirtschaft darf nicht mehr als Rennen im Hamsterrad von Standortkonkurrenz, Wettbewerbsfähigkeit und blindem Wachstum gedacht werden. Auf kommunaler und regionaler Ebene gibt es erste Beispiele für solch einen wirtschaftspolitischen Richtungswechsel – und zwar von unten. So hat die englische Stadt Preston einige Aufmerksamkeit erregt. Im Mutterland des Neoliberalismus setzt hier die Stadtverwaltung seit einiger Zeit mit Erfolg auf die Förderung von lokalen Unternehmen mit sozialem und ökologischem Mehrwert statt auf große Konzerne. Was es nun braucht, ist ein Durchbruch von der kommunalen Ebene der guten Beispiele auf die nationale bzw. europäische Ebene. Schließlich sind diese Ebenen finanziell wie ordnungspolitisch deutlich wirkungsmächtiger.

Wirtschaftsdemokratie

Es ist in diesem Sinne sehr ermutigend, dass Teile der neuen SPD-Führung mit einer Demokratisierung der Wirtschaft sympathisieren. Eine ganze Reihe von sozialdemokratischen Bundestagsabgeordneten aus dem Finanz- und Haushaltsausschuss geht inzwischen vom Scheitern des Neoliberalismus aus und fordert offen eine Demokratisierung der Wirtschaft: »So darf zum einen unsere Demokratie nicht vor den Toren der Betriebe und Verwaltungen enden; zum anderen soll der Staat aktiv unterstützen, wenn neue Verfahren erfolgreichen Wirtschaftens ausprobiert und praktiziert werden«, heißt es dort.[15] Ermutigend ist dies auch, weil Überlegungen wie diese an eine traditionsreiche Debatte um Wirtschaftsdemokratie anknüpfen. Diese Debatte wurde nach dem Sieg über den Faschismus besonders intensiv geführt. Hans Böckler, der erste Vorsitzende des Gewerkschaftsdachverbandes DGB nach dem Zweiten Weltkrieg, war überzeugt: Der politischen Demokratie muss die wirtschaftliche Demokratie zur Seite gestellt werden. Diese Erkenntnis hat nichts an Aktualität eingebüßt.[16]

Was genau jedoch verbirgt sich hinter dem Konzept der Wirtschaftsdemokratie? Zunächst die Überzeugung, dass Ökonomie kein Selbstzweck, sondern nur ein Mittel zum Zweck ist. Wirtschaft soll den Menschen »dienen«. Das wird möglich sein, wenn wir durch eine Demokratisierung der Ökonomie die wirtschaftlichen Machtzentren einer demokratischen Kontrolle unterstellen. Am konkretesten ausgearbeitet sind die Vorstellungen von Wirtschaftsdemokratie bisher für die Mikroebene – die des Betriebs. Hier geht es um eine Ausweitung der betrieb-

15 Wiebke Esdar, Cansel Kiziltepe, Sarah Ryglewski, Michael Schrodi und Swen Schulz: »So kann es nicht weitergehen!«, in: *Frankfurter Allgemeine Zeitung* vom 15.6.2019, https://www.faz.net/aktuell/wirtschaft/standpunkt-der-spd-das-wohl-der-vielen-statt-des-profits-der-wenigen-16237109.html

16 Vgl. dazu Heinz-J. Bontrup: »Die Wirtschaft braucht Demokratie«, in: *Wirtschaftsdemokratie*, hg. v. Heinz-J. Bontrup und Julia Muller. Hamburg, VSA:Verlag 2006, S. 16.

lichen Mitbestimmung, um mehr Kompetenzen für die Betriebsräte.

Heutzutage werden Überlegungen zur Demokratisierung der Ökonomie oft verbunden mit Debatten um alternative Wirtschaftsmodelle wie Genossenschaften, Tauschbörsen oder Open-Source-Programme. Solche Formen solidarischer Ökonomie können von einer Regierung behindert – oder eben gefördert werden. Zuständige in Behörden und Jobcentern könnten beispielsweise Menschen, die eine Kooperative gründen wollen, dafür freistellen und sie mit sozialen Garantien unterstützen. Die schlechte andere Möglichkeit wäre, diese Menschen weiter nach Hartz-IV-Manier zu schikanieren und sie in fragwürdige Maßnahmen zu zwingen, wenn die angestrebte Kooperative nicht gleich genügend Profit abwirft. Regierungen könnten in den Richtlinien zur Vergabe von öffentlichen Aufträgen Formen solidarischer Ökonomie begünstigen und damit für Rückenwind sorgen. Auch hier gilt: Es ist nicht egal, wer mit welchen Zielen regiert.

Ein neuer Aufbruch sollte sich auch mit Konzepten öffentlicher Investitionslenkung beschäftigen. Beispielhaft sei hierzu der Ökonom Wolfgang Kessler zitiert: »Ein nachhaltiger Klimaschutz erfordert von manchem weniger: weniger Verbrennung von Öl, Kohle und Gas; weniger Autos; weniger Flugzeuge, weniger Wegwerfkonsum; weniger Transport; weniger Fleisch, weniger globale Produkte mit hohem Transportaufwand«, so hat er es formuliert. »Andererseits darf es von manchem auch viel mehr sein als heute: mehr Teilen von Gütern wie zum Beispiel Carsharing; mehr reparieren statt wegwerfen; mehr renovieren statt abreißen; mehr langlebige Waren statt Wegwerfprodukte; mehr Zeit durch kürzere Arbeitszeiten […]; mehr Radwege, Bahnen und Busse; mehr regionale Produkte mit weniger Transportaufwand.«[17]

Dann kann der notwendige sozial-ökologische Umbau auch wirtschaftlich erfolgreich sein. Mehr noch: Ohne Impulse für eine entsprechende Konversion wird zum Beispiel die deutsche Autoindustrie den Strukturwandel wohl kaum überstehen. Auch ohne Klimaschutz droht sie in wesentlichen Bereichen bereits den Anschluss zu verpassen. Ihre Beschäftigten verdienen aber sichere Arbeitsplätze – und ihr Wissen ist wichtiges Know-how, gerade für eine ökologische Form der Mobilität für alle.

Das wird der Markt allein nicht richten. Dafür sind öffentliche Investitionen und ordnungspolitische Interventionen nötig. Ideen in diese Richtung gibt es viele. Seit 2015 ist in Frankreich zum Beispiel die absichtliche Verkürzung der Lebensdauer eines Produkts eine Straftat. Hersteller können empfindlich bestraft werden für den gezielten Einbau einer Schadhaftigkeit oder für absichtliche Nichtkompatibilität. Auch in Deutschland sollten Hersteller gesetzlich verpflichtet werden, Geräte reparaturfähig zu gestalten. Das wäre eine konkrete Maßnahme gegen den Wegwerfkapitalismus.

Was bedeutet diese kurze Skizze eines Aufbruchs nun für neue linke Mehrheiten und eine Regierung der Hoffnung? Es wäre an ihr, diese Transformation zu beginnen, sie in konkrete Vorhaben zu übersetzen, diese zu fördern und

---

17 Wolfgang Kessler: »Linke in der Wachstumsfalle«, in: *Die Tageszeitung*, 9.7.2019, https://taz.de/Kommentar-Soziale-Klimapolitik/!5605951

populär zu machen. Wichtig ist dabei vor allem, dass solche Projekte einen qualitativen Unterschied zum Bisherigen markieren. Das heißt, sie müssen ein Potenzial in sich tragen, das über den Horizont des Bestehenden hinausweist, sie müssen in der Lage sein, demokratische Impulse aus der Zivilgesellschaft aufzunehmen, sie müssen dazu beitragen, die gesellschaftlichen Selbstheilungskräfte gegen die Krisentendenzen zu aktivieren, und so die Demokratie insgesamt stärken.

Denn darum geht es: mehr Demokratie, weniger Markt. Wir sollten die Debatte über eine Demokratie-Agenda eröffnen, mit der das Öffentliche gestärkt, der Markt zurückgedrängt sowie Staat und Wirtschaft demokratisiert werden können. Dann wird der Raum für Selbstorganisation und Gemeinwirtschaft größer. Das heißt im Umkehrschluss, nicht mehr jene Interessen zu bevorzugen, die den gesellschaftlichen Karren in den großen Krisendreck gezogen haben. Und es bedeutet, dass endlich die Interessen derjenigen Priorität erhalten, denen bisher die sozialen wie ökologischen Kosten des Neoliberalismus aufgebürdet wurden. Die Rede ist von den Beschäftigten und den Mieter*innen, den Patient*innen und den Verbraucher*innen. Mit anderen Worten: von den vielen. So können wir stärken und wieder groß machen, was jahrelang nur torpediert und abgebaut, was der Abschottung geopfert und dem Verwertungsprinzip unterworfen wurde: Menschenrechte, Klimaschutz und Demokratie.

Ein solcher Aufbruch braucht auch einen neuen internationalen Rahmen. Wir sollten auf den Ausbau von multilateralen Institutionen orientieren – vor allem in Zeiten, in denen die Autoritären die Axt an die schon existierenden Strukturen legen. Ja, es stimmt, die bestehenden internationalen Organisationen und Verträge sind nicht perfekt, viele Linke haben deren Mängel zu Recht immer kritisiert. Aber die Lösung kann nicht darin bestehen, die multilaterale Zusammenarbeit aufzugeben. Gerade heute ist die Demokratisierung von grenzübergreifenden Institutionen wie der EU, den Vereinten Nationen oder der International Labour Organisation wichtig. Sie zu reformieren und damit im Interesse der Weltgesellschaft wieder zu stärken, kann ganz praktisch zur Überwindung des neoliberalen Washingtoner Konsenses beitragen – und stattdessen den Gedanken von Demokratie und Kooperation neue Geltung verschaffen. Das wäre ein neuer Internationalismus, der seinen Namen verdient.

Europa verändern – in Berlin anfangen

Die Bundesrepublik ist nicht irgendein Land. Was hier entschieden wird, hat Auswirkungen an vielen anderen Orten. Wer über neue soziale Demokratie und eine sozial-ökonomische Wende reden will, kann von Europa nicht schweigen. Eine fortschrittliche Regierung kann sich nicht darauf beschränken, im nationalen Rahmen Veränderungen vorzunehmen. Vielmehr muss sie auch auf einen Kurswechsel der EU hinwirken. Dies ist schon angesichts der ökonomischen Verflechtung Europas notwendig. Der Kapitalismus hat Produktion und Handel längst über den Nationalstaat hinausgetrieben. Will man nicht den fatalen Kurs des Wettbewerbsnationalismus weiterverfolgen, bleibt als Alternative, die Ökonomie auf der politischen Ebene einzuhegen. Und das bedeutet in unserem Fall: mindestens auf europäischer Ebene, in den Institutionen der Europäischen Union.

Damit eine soziale, ökologische und friedliche EU keine Illusion bleibt, sind wir in Deutschland gefragt, um andere Regierungsmehrheiten zu kämpfen. Wer Europa verändern will, muss in Berlin anfangen. Nicht zuletzt hier entscheidet sich, wie es weitergeht mit der EU und welche Rolle sie in der Welt spielen wird. In Berlin wird entschieden, ob die Macht von Reichen und Konzernen weiter wächst, ob Europa weiter von Demokratie und Freiheit nur spricht, während es mit Diktatoren und Warlords paktiert und Waffen, Armut und andere Fluchtursachen exportiert. Oder ob

Europa doch noch zu jenem Kontinent der Hoffnung wird, als der er von so vielen weltweit schon jetzt sehnsüchtig betrachtet wird.

Die linksgeführte Syriza-Regierung in Griechenland hat erfahren müssen, was es heißt, wenn die europäischen Regelwerke den Schritt zu wirksamen Alternativen unterbinden. Eingezwängt in die Auflagen der Troika, erdrückt von einer ökonomisch so sinnlosen wie sozial verhängnisvollen Austeritätspolitik, konnte sie die meisten ihrer Ziele nicht umsetzen. Gern wird Syriza von linken Skeptiker*innen daher als Beleg für die Vergeblichkeit von Linksregierungen angeführt. Aber von wem ging denn die Erpressung dieser griechischen Regierung aus? Es war Bundesfinanzminister Wolfgang Schäuble, der auf EU-Ebene das Troika-Diktat durchdrückte. Stellen wir uns einmal vor, es hätte zu jener Zeit hierzulande bereits fortschrittliche Mehrheiten gegeben und damit eine andere Finanzministerin, die nicht auf Austerität gesetzt hätte. Eine Finanzministerin, die die soziale Erneuerung in Griechenland gutgeheißen hätte. Dann wäre der Handlungsspielraum für Syriza sicher ein anderer gewesen.

Selbst in Griechenland können wir Beispiele dafür finden, die bezeugen, dass Regierungen progressive Entwicklungen anstoßen und ihnen Räume öffnen können. So etwa das besetzte Hotel City Plaza in Athen, das von linken Aktivist*innen in eine Heimstatt für Geflüchtete und Arme umgewidmet wurde. Möglich war dies unter anderem dank der Unterstützung durch die damalige Syriza-Administration. Sie hielt den Aktivist*innen auch dann noch den Rücken frei, als konservative Kräfte die polizeiliche

Räumung forderten. Das hat dem Projekt zumindest etwas Luft zum Atmen verschafft. Unter der neuen konservativen Regierung musste dieses zum sozialen Wohnheim umfunktionierte Hotel übrigens inzwischen schließen.

Es ist also nicht egal, welche Politik in der stärksten Volkswirtschaft Europas verfolgt wird – nicht für die Menschen hierzulande, nicht für die Menschen anderswo, nicht für unseren Planeten als ganzen. Deshalb ist die Frage, was auf die Große Koalition folgt, von Bedeutung. Das Ende von Angela Merkels Kanzlerinnenschaft bedeutet: Die nächsten Bundestagswahlen werden Wahlen ohne eine Titelverteidigerin. Das eröffnet die Chance zu einem neuen Aufbruch. Dafür müssen aber alle potenziellen Partner*innen bereit sein, noch einige Hindernisse beiseite zu räumen. Ich weiß, dass man Gesprächsangebote nicht mit erhobenem Zeigefinger ausspricht. Das haben wir viel zu lange und ohne jeden Erfolg gemacht. Wir sollten allerdings auch ehrlich zueinander sein. Vielen fehlt noch der Mut, aus dem Immer-weiter-so auszubrechen, obwohl das Ausmaß der zahlreichen Krisen längst bekannt ist. Dass die Konservativen nichts anderes wollen und vielerorts zur Avantgarde von Demokratieabbau, sozialer Spaltung und Umweltzerstörung geworden sind, überrascht nicht. Aber warum finden so viele in der SPD noch immer nicht die Kraft, sich aus der Umklammerung der Union zu lösen? Die neue Parteiführung macht immerhin Hoffnung, dass es anders werden kann.

Das gilt gerade auch für Europa. Eine Fortsetzung der fatalen So-tun-als-ob-Politik, einer Politik, die Aktivität simuliert, während sie tatsächlich weiter die soziale

Spaltung betreibt, verstärkt die um sich greifende Demokratieverachtung. Im Folgenden möchte ich dies an einigen Beispielen veranschaulichen.

Beginnen wir mit einem Beispiel aus der Hochzeit der Eurokrise: Eines der ersten Opfer der Kürzungspolitik im Zuge der Bankenrettung nach 2009 war in Südeuropa die Förderung von erneuerbaren Energien. Im Ergebnis wird nun sogar mehr auf Kohle und Öl gesetzt als vor der Krise. Es geht hier um mehr als bloß falsche Politik: Die Macht der Konzerne selbst ist ein Hindernis für den Klimaschutz.

Nach Angaben von Forscher*innen der Universität Harvard hat etwa der US-Konzern Exxon die Öffentlichkeit über Jahre gezielt in die Irre geführt, indem er Zweifel am Klimawandel und am Einfluss von CO_2 auf die globale Temperatur schürte. Nachdem der CO_2-Gehalt der Atmosphäre Anfang Mai 2019 erstmals die Marke von 415 Teilchen pro Million Teilchen Luft überschritten hatte, verglichen Journalist*innen und Klimaforscher*innen interne Exxon-Prognosen aus dem Jahr 1982 mit dem tatsächlichen Verlauf. Und »sowohl beim Temperaturanstieg als auch beim CO_2-Anstieg lagen die internen Prognosen damals fast richtig«, berichtete der *Spiegel*.[18]

Allerdings müssen wir gar nicht bis nach Amerika schauen. »Geht der Kapitalismus des 21. Jahrhunderts an den Herausforderungen der Gesellschaft im 21. Jahrhundert vorbei?«, fragte Anfang 2012 der Moderator

18 »Ölriese Exxon wusste schon 1982, wie stark die Erderwärmung 2019 ausfällt«, in: *Spiegel online*, 17.5.2019, https://www.spiegel.de/wissenschaft/ mensch/exxon-sagte-co2-gehalt-der-atmosphaere-fuer-2019-genau-voraus-a-1267915.html

eines Podiums beim World Economic Forum im schweizerischen Davos das Publikum. Ungefähr die Hälfte der anwesenden Manager*innen, Politiker*innen und Meinungsführer*innen hoben zustimmend die Hand. Aber was folgte daraus? Danach machten sie einfach weiter wie zuvor. Sie setzten sich für Freihandelsabkommen ohne Umwelt- und Sozialauflagen ein, wie jenes zwischen der EU und Brasilien, das aktuell von dem Rechtsextremen Jair Bolsonaro regiert wird. Dieser setzt massiv auf Abholzung des Regenwaldes. Allein im Juni 2019 gab es 88 Prozent mehr Kahlschlag als im Vorjahresmonat.

Oder nehmen wir ein Beispiel aus der Sozialpolitik: Inmitten der Debatte über abgehängte Regionen empfiehlt die Bertelsmann-Stiftung aus »Effizienzgründen« ernsthaft die Schließung von Krankenhäusern auf dem Land und im Osten. Wer sich anhört, was die Menschen dort bewegt, weiß, wie absurd dieser Vorschlag ist. Schon heute belasten der Ärztemangel, die langen Wege zu Fachärzt*innen und das ewige Warten auf Termine die Menschen. Dieser Mangel an medizinischer Versorgung im ländlichen Raum ist gesundheitsgefährdend, manchmal sogar lebensgefährlich.

Was ich damit zeigen möchte: Die Konzerne, die Superreichen und ihr politisches Personal wissen, was sie tun. Sie tun dies nicht aufgrund guter Argumente, sondern weil sie die Macht haben, ihre Interessen durchzusetzen. Drei Viertel aller CO_2-Emissionen weltweit gehen auf das Konto von hundert Großkonzernen.[19] Das heißt, ohne die

19 *The Carbon Majors Database: CDP Carbon Majors Report 2017*, https://www.cdp.net/en/articles/media/new-report-shows-just-100-companies-are-source-of-over-70-of-emissions

Konfrontation mit Konzernen und Superreichen bleiben alle sozial-ökologischen Visionen reine Illusionen. Auch deswegen brauchen wir Europa. Denn wo kann man in Zeiten des global ausgreifenden Kapitalismus der Ökonomie wirksame Zügel anlegen? Unter anderem in Europa. Wer wie etwa die Grünen-Vorsitzenden Anna-Lena Baerbock und Robert Habeck sagt, dass »Radikal das neue Realistisch« ist, hat ja recht. Aber dann muss man auch den politischen Mut haben und den Sprung wagen, der eine neue, schärfere Regulierung der Konzerne ermöglicht.

Soziale Gerechtigkeit und Ökologie sind dabei insgesamt nicht zu trennen. Einem gängigen Klischee zufolge leben gerade Menschen aus ärmeren Schichten weniger umweltfreundlich, kaufen Bier in Dosen statt in Pfandflaschen, heizen bei offenem Fenster und machen um Bioläden eher einen Bogen. So weit das Klischee, die Zahlen sprechen eine andere Sprache. So kam das Umweltbundesamt bei Berechnungen zum Naturverbrauch der Bundesbürger*innen zu dem Ergebnis, dass just jene »Menschen aus einfacheren Milieus« die Umwelt »am wenigsten belasten«.[20] Ökologische Probleme verursacht also nicht in erster Linie der Rentner mit kleinem Einkommen. Problematisch sind vielmehr die Wohlhabenden. Sie verursachen höhere CO_2-Emissionen – dafür sorgt allein schon der schiere Umfang ihres Konsums.

Man kommt also nicht darum herum: Für wirksamen Klimaschutz, um bei diesem Beispiel zu bleiben, braucht es

20 https://www.umweltbundesamt.de/presse/pressemitteilungen/wer-mehr-verdient-lebt-meist-umweltschaedlicher

eine Kraft, die den Konflikt mit den ökonomisch Mächtigen nicht scheut und bereit ist, klare Regeln gegen sie durchzusetzen. Wir Linken sehen hier die Eigentumsfrage als zentral. Bei SPD und Grünen setzt man andere Schwerpunkte. Das ist völlig in Ordnung. Schließlich geht es nicht um Rechthaberei unter Parteien. Aber beide, SPD wie Grüne, müssen sich die Frage gefallen lassen, mit wem sie eigentlich das »demokratische, ökologische und soziale Europa« durchsetzen wollen, das auf ihren Plakaten steht. Mit der Union etwa?

Der Sozialwissenschaftler Steffen Vogel hat in den *Blättern für deutsche und internationale Politik* vom »aufgeklärten europäischen Eigeninteresse« gesprochen.[21] Auch darüber müssen wir reden. Nicht zuletzt deshalb, weil sich in der europäischen Frage, die auch eine bundespolitische Frage ist, entscheiden wird, ob gegen russische Propaganda, amerikanische Arroganz und chinesischen Autoritarismus ein sozialer, demokratischer und ökologischer Entwicklungspfad überhaupt noch möglich ist. Lasst uns zum Beispiel darüber diskutieren, wie wir mit der Ausgabe von EU-Anleihen bzw. Eurobonds den Euro auch zu einer »Leitwährung« für einen anderen Kurs machen können. Nicht zuletzt für einen Kurs hin zu mehr demokratischer Souveränität – und gegen die Dominanz des US-Dollars.

Wer einen Aufbruch zu neuer sozialer Demokratie anstrebt, wer die sozial-ökonomische Wende will und wer im Sinne eines neuen Internationalismus dazu auch über

21 Steffen Vogel: »Visionäre Europas, vereinigt Euch!«, in: *Blätter für deutsche und internationale Politik*, 6/2019.

den eigenen Tellerrand blickt, dem muss es um Europa gehen. Wir haben die Chance zu verhindern, dass Europa immer mehr zu einer autoritären Festung verkommt. Dazu müssen wir Grundlegendes ändern, dazu muss die EU weit mehr werden als ein Markt. Aber dieses Europa als Leuchtturm der Freiheit in einer stürmischen Welt ist möglich.

Regieren in Bewegung

Eine große Frage lautet: Wie lässt sich die hier von mir in Umrissen skizzierte Politik nicht nur formulieren, sondern auch praktisch umsetzen? Die Widerstände aus Bürokratie und Wirtschaft wie von Seiten der Eliten sind absehbar. Selbst wenn neue linke Mehrheiten es an die Regierung schaffen, haben sie noch lange nicht die Macht. Also müssen wir über neue, andere Arten des Regierens sprechen.

Mein Vorschlag: Regieren in Bewegung. Das wäre eine andere, eine wirklich »große Koalition« – eine Koalition der neuen linken Mehrheiten, eine der Politik von unten, in der Bewegungen, Initiativen, Verbände, Gewerkschaften und Parteien gleichermaßen ihren Platz haben und ihre Rolle spielen. Wenn die Gesellschaft Druck macht und dieser Druck produktiv aufgegriffen wird, kann die Regierungspolitik über sich selbst hinausgetrieben werden, können auch Regierungsmitglieder über sich selbst hinauswachsen.

Regieren in Bewegung – das setzt auch eine neue Form von Konfliktbereitschaft voraus und wird gerade den Berufspolitiker*innen einiges abverlangen. Denn es bedeutet Mobilisierung, Experiment und Zivilcourage. So lassen sich Enttäuschungen wie unter der rot-grünen Koalition von Gerhard Schröder vermeiden, die antrat, »vieles besser zu machen« – und dann unter dem Druck von Finanzmärkten und Lobbygruppen vieles nachhaltig verschlechterte.

Regieren in Bewegung? Das mag für manche Ohren wie ein Widerspruch klingen. Lange, zu lange haben wir in der Linken heftig darüber gestritten, worauf man eher setzen sollte: Kabinettstisch oder Straße, Koalition oder Demonstration? Ersetzen wir doch das Wörtchen »oder« durch ein »und«. Das ist kein Trick und längst mehr als bloße Theorie. Im rot-rot-grün regierten Bundesland Berlin zeigt sich zum Beispiel, wie Ansätze für ein Regieren in Bewegung aussehen können. Natürlich läuft das nicht immer reibungslos, aber Reibungslosigkeit ist auch nicht das Ziel. Entscheidend ist vielmehr eine Haltung seitens der fortschrittlichen Regierungskräfte, Druck aus der Gesellschaft und Kritik aus den Bewegungen nicht als Angriff zu verstehen, den man zurückweisen muss. Sondern in diesem Druck etwas Produktives zu sehen, das man aufgreifen sollte.

Das bekannteste Beispiel dafür kommt aus dem Kampf gegen den Mietenwahnsinn. Explodierende Mieten bedeuten eine faktische Enteignung der Menschen mit geringen und mittleren Einkommen. Denn wenn die Mieten immer weiter steigen, werden diese Menschen entweder verdrängt oder es bleibt immer weniger von der Rente oder vom Lohn zum Leben übrig. Ich spreche deswegen auch von einer Enteignung der Mitte durch steigende Mieten. Obwohl das Problem seit langem bekannt ist, gab es in der Politik keine Mehrheit für wirkungsvolle Gegenmaßnahmen. Dann wehrten sich immer mehr Mieter*innen, sie bildeten Initiativen, eine davon setzte das Volksbegehren »Deutsche Wohnen und Co. enteignen« auf die politische Spur. Linke in der Landesregierung bezogen sich positiv darauf, es begann eine gesellschaftliche Dynamik nach links. Die radikale Forderung erhielt auch in der Berliner Bevölkerung viel Zuspruch. Selbst Menschen, die bisher keine Sympathien für sozialistische Ansätze hatten, äußerten Sätze wie: Na wenn man diesen Konzernen nicht mit Enteignung droht, passiert ja nichts. Sogar unter FDP-Wähler*innen war die Zustimmung zu Eingriffen ins Privateigentum recht hoch. Und diese Dynamik bewirkte etwas: Plötzlich war es im Berliner Senat möglich, einen Gesetzentwurf zum Einfrieren der Mieten einzubringen. So geht demokratische Radikalisierung nach links.

Regieren in Bewegung – das ist auch von Überlegungen aus dem Institut Solidarische Moderne inspiriert, in denen es um neue Kooperationsformen der »Mosaiklinken« geht. Im Begriff des Mosaiks liegt schon die Einsicht in die Notwendigkeit eines strategischen Pluralismus. Denn nur gemeinsam ergeben die unterschiedlichen Teile der gesellschaftlichen Linken ein Bild. Die Mosaiklinke strebt dabei ausdrücklich nicht nach Harmonie zwischen Partei und Straße; sie weiß, dass dieser Konflikt vielmehr »auf Dauer gestellt« ist.[22] Die heutige gesellschaftliche Linke ist vielfältiger und größer als jede einzelne Partei. Zwischen Parteien und Bewegungen darf es keine Über- bzw. Unterordnungsverhältnisse geben. Weder sind Parteien privilegierte Akteure, noch sind soziale Bewegungen den

---

22 Jan Schlemermeyer: »Komplexes Mosaik. Ansätze linker Bündnispolitik im neoliberalen Kapitalismus und das Problem gesellschaftlicher Differenzierung«, in: Marcus Hawel, Stefan Kalmring (Hg.): *Wie lernt die Mosaik-Linke? Die plurale Linke in Bewegung.* Hamburg, VSA:Verlag 2016.

Parteien moralisch überlegen. Es sind schlicht unterschiedliche Politikmodi, die man verstehen muss, um sie gemeinsam zur Wirkung zu bringen. Die Idee dahinter ist nicht allein das Produkt theoretischer Überlegungen. Vielmehr reflektiert sie reale Erfahrungen, die in den letzten Jahren bei diversen Mobilisierungen gemacht wurden. Man denke an die breiten antifaschistischen Bündnisse von »Dresden Nazifrei«, die Castorproteste gegen Atomkraft und strahlenden Müll oder aber die aktuellen Klimaproteste. Gerade eine Regierung neuer linker Mehrheiten wird auf aktive soziale Bewegungen angewiesen sein. Sie sind ein wichtiges Gegengewicht, damit progressives Agieren im Staat nicht von der Schwerkraft bürokratischer Apparate und wirtschaftlicher Lobbygruppen zu Boden gedrückt wird.

Auch an diesem Punkt kann man übrigens vom historischen New Deal lernen. Vor allem von der Entschlossenheit, mit der Franklin D. Roosevelt mitten in der Großen Depression seinen Kurs als Alternative zum Rechtsruck verfolgte. Ein Politikwechsel, der diese Bezeichnung verdient, kann sich heute die Konfliktbereitschaft der Arbeiter*innen und Angestellten zum Vorbild nehmen, die in jener Zeit bis ins Weiße Haus ausstrahlte. Sicht- bzw. hörbar wurde das am 31. Oktober 1936. An diesem Tag machte Präsident Roosevelt im New Yorker Madison Square Garden eine klare Ansage – drei Tage vor Ende eines harten Wahlkampfes. Zu dieser Zeit griffen Rechte, Konzerne und die von ihnen kontrollierten Medien alle in der ersten Legislaturperiode seiner Präsidentschaft eingeführten Maßnahmen aggressiv an. Roosevelt reagierte darauf nicht mit Wegducken oder mit dem Versuch, hinter den Kulissen irgendwelche Kompromisse auszuhandeln. Vielmehr reagierte er kämpferisch: »Wir mussten mit den alten Feinden des Friedens ringen – Großkonzernen und Finanzmonopolen, Börsenspekulation, rücksichtslosen Banken, Klassenantagonismus, Partikularismus, Kriegsgewinnlertum. Sie hatten begonnen, die Regierung der Vereinigten Staaten als bloßes Anhängsel ihrer eigenen Angelegenheiten zu betrachten. Aber wir wissen inzwischen, dass eine Regierung des organisierten Geldes genauso gefährlich ist wie eine Regierung der organisierten Kriminalität. Niemals zuvor in unserer gesamten Geschichte waren diese Kräfte so vereint gegen einen einzelnen Kandidaten wie heute. Sie sind sich einig in ihrem Hass auf mich – und ich heiße ihren Hass willkommen!«[23]

Roosevelt hielt seine Rede gegen den Rat einiger seiner engsten Berater, die die offene Konfrontation mit den mächtigen Lobbygruppen scheuten. Doch er gewann die Wahl haushoch – mit dem bis dahin höchsten Stimmenerfolg der Demokratischen Partei bei einer Wahl.

Natürlich: So etwas lässt sich nicht einfach wiederholen. Aber es kann uns Mut machen. Mut, den wir brauchen, damit die vielen Hoffnung schöpfen auf ein besseres, ein solidarischeres, ein ökologischeres und friedlicheres Leben. Darum geht es. Nicht nur um Wahlerfolge oder Ministerposten. Es geht um die Menschen. Weil es nur mit ihnen

23 Franklin D. Roosevelt: »Address Announcing the Second New Deal«, 31.10.1936, in: Franklin D. Roosevelt Presidential Library and Museum, http://docs.fdrlibrary.marist.edu/od2ndst.html

geht. Und weil das so ist, müssen wir ihnen ehrlich sagen, auf welche Schwierigkeiten neue linke Mehrheiten stoßen werden. Es wird Widersprüche und Rückschläge geben. Wir werden also auch »den Mut zum Unvollendeten« (Willy Brandt) brauchen.

»Ooch nüscht zu melden«?

Vielfachkrise, Kipppunkte, blockierte Alternativen: Auch für die LINKE heißt das jetzt, wir müssen uns aus lieb gewonnenen Oppositions-Routinen verabschieden. Eine gute Forderung haben – das ist wichtig, aber es genügt heute nicht mehr. Die notwendigen Schritte müssen auch gegangen, die richtigen Ziele verfolgt werden. Jahrelang waren die Kritik am Neoliberalismus und die Mobilisierung gegen seinen Zeitgeist eine zentrale Funktion unserer Partei. Das wird so bleiben, doch in dieser offenen Situation müssen wir darüber hinausgehen.

Die Folgenlosigkeit linken Protestes ist selbst zu einem Symptom der postdemokratischen Entleerung geworden. »Jetzt hab ich euch so oft gewählt und Hartz IV gibt es immer noch«, höre ich beim Wahlkampf auf der Straße. »Ist schon richtig, was ihr fordert, aber ihr könnt ja auch nichts bewirken«, sagen mir Menschen am Infostand. Oder in breitestem Sächsisch: »Ihr habt ja leider ooch nüscht zu melden.«

So etwas hören wir immer häufiger: vorm Jobcenter, bei Haustürbesuchen oder auf Marktplätzen. Zwar glauben uns die meisten, dass wir wirklich etwas ändern wollen, aber sie bezweifeln, dass wir es können. Sie haben einfach zu oft erlebt, dass eine Mehrheit im Bundestag gegen Anträge der Linksfraktion stimmte. Das ist nicht nur schlecht für wichtige Forderungen, die so auf der Strecke bleiben. Es liegt etwas Fatales darin: Gerade bei den Entrechteten, bei jenen, die in Armut leben, die sich abgehängt fühlen, wächst dadurch das Ohnmachtsgefühl. Und dieses Gefühl spielt den Rechten in die Hände, weil sie es missbrauchen können. Mit ihrem Hass und ihrer Hetze versuchen sie es umzuleiten in ein Treten nach unten, gegen andere. Wir erleben, was das bedeutet: Die Menschenfeindlichkeit wächst, betroffen sind davon Migrant*innen, Langzeit-erwerbslose, anders Aussehende, Feministinnen.

Wir müssen bedenken, dass es unterschiedliche Sichtweisen darauf gibt, worin politischer Erfolg besteht. Na klar, für die Mitglieder der LINKEN macht es einen enormen Unterschied, ob ihre Partei mit 7 oder 15 Prozent im Bundestag sitzt. Aus der Perspektive der von Armut Betroffenen, der Verlassenen, der Entrechteten, sieht das ein bisschen anders aus. Für sie macht den Unterschied, wenn wir Verbesserung bewirken können. Für sie macht den Unterschied, wenn sich ihr Leben konkret zum Besseren wendet. Gerade für sie brauchen wir einen glaubwürdigen Aufbruch aus der Ohnmachtsfalle.

Klugheit im Kampf: Aus Fehlern lernen

Natürlich blicken wir dabei ehrlich auf unsere eigenen Bilanzen. Es gibt Grund zur Skepsis in unseren Reihen, weil linke Reformpolitik und linke Regierungsbeteiligungen in Europa in der Vergangenheit wahrlich nicht immer das gebracht haben, was wir erhofft hatten. Wir sehen die Widersprüche: Auf der einen Seite stehen fortschrittliche Veränderungen, man denke an die Bildungsreformen der

1970er Jahre oder an die Gebührenfreiheit der Kita-Betreu-
ung, die linke Landesregierungen heute erreicht haben.
Andererseits sind notwendige Veränderungen oft an den
bestehenden Machtverhältnissen gescheitert, mussten
abgebrochen werden oder sind verkümmert.

Jeder Aufbruch muss deshalb mit einer ehrlichen Analyse
beginnen. Schließlich sind gerade Linke auf eines angewiesen: Klugheit im Kampf. Dabei fangen wir nicht bei null
an. Die Rosa-Luxemburg-Stiftung zum Beispiel hat die bis-
herige Bilanz von Linksregierungen in Europa untersucht.
Wir finden darin, dass einige Fortschritte erreicht wurden.
Aber mit Blick auf die Wirtschaftspolitik heißt es ernüch-
ternd: »Wirkliche transformatorische Projekte, die sich
auf eine veränderte Wirtschafts- und Produktionsweise
stützen, sind weder ausreichend konzipiert worden, noch
waren sie durchsetzbar.«

Daraus sollten wir Schlussfolgerungen ziehen. Ein echter
Politikwechsel erfordert auch eine alternative Wirtschaftspolitik. Das beginnt mit der Ausarbeitung von Konzepten.
Aber dabei dürfen wir nicht stehen bleiben. Lasst uns vielmehr immer wieder nach Stellschrauben und Ansatzpunk-
ten suchen, wie wir wirtschaftspolitische Alternativen vom
Papier in die Wirklichkeit bringen können.

Wenn wir kritisch auf Fehler in Linksregierungen
schauen, dann auf keinen Fall, um besserwisserisch zu
belehren. Es geht ums gemeinsame, solidarische Lernen aus
Erfahrungen. Ein kritischer Reflexionsprozess gehört zur
linken Kultur. Wir haben immer wieder zu schauen, was
anders, was besser getan werden muss. Wir haben in der
Vergangenheit zu viel Zeit dafür aufgewendet, abstrakt über

die Frage zu streiten, ob nun Regierung oder Opposition besser sei. Das hat uns den Blick auf notwendige Erkenntnisse verstellt. Die entscheidende Frage lautet doch, wie wir es schaffen, besonders wirkungsmächtig zu sein – ganz gleich ob in Regierung oder Opposition. Ich sagte bereits, dass es hier um ein kleines Wörtchen geht – ein »und« statt einem »oder« würde uns weiterbringen.

Auch einen anderen Fehler, über den man in der Analyse der Rosa-Luxemburg-Stiftung Nachdenkenswertes findet, sollten wir nicht wiederholen. »Als ein weiteres Problem erwies sich gerade in Zeiten linken Regierens die Vernachlässigung der Organisationsfrage. Der Eintritt in die Regierung geht oft einher mit der Schwächung von Parteistrukturen, ihrer Parlamentarisierung und so auch ihrer nachlassenden gesellschaftlichen Verwurzelung.« Eine Schlussfolgerung, die wir daraus ziehen sollten, könnte lauten: Lasst uns gerade im Fall eines Regierungseintritts die Rolle der Partei und ihre gesellschaftliche Verwurzelung stärken. Auch deshalb plädiere ich sehr für den Ansatz Partei in Bewegung. Eine Partei also, die erstens im engen Austausch mit den Bewegungen ist, die zweitens sich selber bewegt, also weiterentwickelt, und deren Ziel drittens darin besteht, in der Gesellschaft etwas in Bewegung zu setzen, nicht nur auf Parteitagen.

Wenn wir den Ohnmachtserfahrungen, von denen die Rechten profitieren, etwas entgegensetzen wollen, braucht es grundlegende Veränderungen. Es braucht die realistische Aussicht auf eine sozial-ökonomische Wende. Wir müssen wieder Hoffnung wecken, dass von links etwas möglich ist. Dass wir soziale Sicherheit und Freiheitsrechte tatsächlich ausbauen. Wir brauchen den Mut zu neuen linken Mehrheiten, damit eine neue soziale Demokratie Wirklichkeit werden kann.

Ich habe es schon gesagt: Eine fortschrittliche Regierung links der Union wird kein Spaziergang. Wir werden auch ein bisschen Glück brauchen. Doch das Glück lacht bekanntlich vor allem den gut Vorbereiteten (Louis Pasteur). Eine nach dem Wahlabend hektisch zusammengekratzte parlamentarische Mehrheit könnte womöglich eine Kanzlerwahl gewinnen. Aber kann sie auch mehr? Der Publizist Stephan Hebel hat davor gewarnt, dass solch ein unvorbereitetes Bündnis »wahrscheinlich sehr schnell den Zusammenhalt verlieren« würde, wenn es sich seiner »Gemeinsamkeiten und Unterschiede nicht vorher gewissenhaft versichert hätte«. Dies gilt umso mehr, als wir wissen, wie sehr ein neuer Aufbruch von Anfang an dem heftigen Gegenwind der Unternehmenslobby, ihrer politischen Handlanger und ihrer Claqueure in den Medien ausgesetzt sein wird.

Aber wir kommen an einer Tatsache nicht vorbei: Wenn wir verhindern wollen, dass Deutschland den Weg Ungarns oder Italiens geht, wenn wir den Rechtsruck aufhalten und eine echte Linkswende hinbekommen wollen, brauchen wir andere, neue linke Mehrheiten. Und das heißt: Lasst uns eine Alternative vorbereiten, die Hoffnung auszustrahlen vermag, die Lust macht auf kommende Veränderung, die ernsthaft genug ist, die Herausforderungen der vielfachen Krise anzugehen.

Was ich mir wünsche? Dass alle, die sich hier angesprochen fühlen, die Bereitschaft entwickeln, bei entsprechenden Mehrheiten ein Bündnis für eine sozial-ökonomische

Wende einzugehen. Und das bedeutet ausdrücklich nicht, dass wir nun einen »Lagerwahlkampf« führen müssen. Natürlich wird es harte Auseinandersetzungen geben. Das liegt in der Natur der Sache, wenn sich unterschiedliche Kräfte zu neuen linken Mehrheiten versammeln. Niemand darf und sollte von anderen erwarten, dass sie ihre Grundsätze, ihre Ziele, ihre Eigenheiten vorauseilend über Bord werfen. Natürlich werden wir auch über das Trennende sprechen müssen. Doch unsere Gespräche sollten nicht nur darum kreisen. Es sollte vor allem um mögliche gemeinsame Ziele gehen. Also lasst uns neue Hoffnung entfachen, lasst uns der gesellschaftlichen Phantasie Futter geben in der Frage, wohin die Reise mit neuen Mehrheiten in diesem Land gehen könnte.

Beim Nationalen Armutskongress saß ich einmal in einem Hörsaal voller Menschen, von denen viele selbst ein sorgenvolles Leben in Armut führen müssen. Mit mir auf dem Podium war eine SPD-Staatssekretärin. Der üblichen Dramaturgie solcher öffentlichen Diskussionen zufolge hätte ich als Sozialpolitikerin der LINKEN nun kritisieren müssen, was die Sozialdemokrat*innen im Sozialministerium alles falsch machen. Und dann gleich mit der Liste unserer Forderungen kommen. Ich habe mich damals anders entschieden und stattdessen umrissen, was alles möglich wäre, wenn sich LINKE, SPD und Grüne in der Sozialpolitik verständigen. Das ist weniger, als wir wollen. Aber es ist mehr, als viele Menschen heute noch zu hoffen wagen: eine Kindergrundsicherung, besserer Schutz vor Altersarmut, ein höheres Rentenniveau, das Ende der Zwei-Klassen-Medizin durch Einführung einer solidarischen

82

Bürgerversicherung, ein Mietendeckel, die Abschaffung der sachgrundlosen Befristung. Sogar bei Hartz IV könnten wir inzwischen wichtige, für die Betroffenen spürbare Veränderungen erreichen.

Ich habe in diesem Saal geradezu körperlich gespürt, wie im Publikum Hoffnung um sich griff. Ich habe erlebt, dass Menschen wieder Zuversicht verspürten. Ganz konkret. Diese Hoffnung hätte ich mit dem üblichen SPD-Bashing nicht entfachen können.

Sosehr es zweifellos eine Dummheit des Opportunismus gibt, die Linke unbedingt vermeiden müssen, sosehr droht heute eine Schuld der abstrakten Reinheit. Anders ausgedrückt: Wenn die Situation so offen ist, reicht es nicht, einfach die richtige Forderung zu haben. Linke werden heute auch daran gemessen, welche Schritte der Veränderung sie nicht gegangen sind, welche Möglichkeiten ungenutzt blieben. Es besteht nicht nur die Gefahr, in einer gemeinsamen Regierung mit anderen eigene Ziele aufgeben zu müssen. Es besteht ebenfalls die Gefahr der Unterlassung, wenn notwendige und mögliche Veränderungen nicht umgesetzt werden, weil man es den Falschen überlassen hat, eine Regierungsmehrheit zu bilden.

Was kommt nach Angela Merkel? Ein Aufbruch zu neuer sozialer Demokratie mit neuen linken Mehrheiten ist möglich. Wenn wir es wollen. Und wenn wir anfangen, diesen Weg zu gehen. Lasst uns Mut zu einer radikal-realistischen Politik fassen, damit andere wieder Hoffnung bekommen. Lasst uns die abstrakten Kontroversen überwinden und solidarisch darüber streiten, wie wirkliche Veränderung erreicht werden kann. Lasst uns dabei nicht vergessen, dass es um mehr als um Parteifragen geht. Die Rede ist von Wegen, die uns aus der selbstzerstörerischen Krise des Kapitalismus hinausführen.

Lasst uns dabei als Sozialist*innen auch utopisch bleiben. Denn es geht heute um beides: um mehr und um weniger als Kapitalismuskritik. Um weniger, weil die konkreten Schritte jetzt notwendigerweise unter dem Anspruch seiner Überwindung bleiben werden. Und um mehr, weil diese Reformen Teil eines komplexen Prozesses zur Entwicklung von Produktions- und Eigentumsformen sind, die über den Kapitalismus hinausweisen.

Trauen wir uns die Zukunft zu

Die Zeiten haben sich geändert. Und sie werden uns verändern. Mit den Bordmitteln des Neoliberalismus sind die
vielfachen Krisen nicht mehr zu bewältigen. Nur wer in
dieser Situation den Mut zur Entscheidung aufbringt, kann
die Zukunft gewinnen. Neue linke Mehrheiten können der
gemeinsame Fluchtpunkt der fortschrittlichen Kräfte sein.

Die gesellschaftliche Linke steht vor einer Entscheidung:
Setzt sie auf eine folkloristische Orientierung an der Vergangenheit bzw. auf eine linke Melancholie, die sich in der
Niederlage einrichtet? Oder ergreift sie die Chance auf
eine Politik der wirksamen Veränderung? Das ist keine
kleine Aufgabe, keine Frage bloß einer Legislaturperiode,
aber man muss irgendwann beginnen. Die Zeit drängt.
Alle reden vom Wetter – aber nur eine Mehrheit links der
Union kann dafür sorgen, dass auch Reiche und Konzerne
endlich für den Klimaschutz zahlen. Nur eine solche Mehrheit wird ein Bollwerk für Menschenrechte sein können,
denn die Rechten rüsten schon zum nächsten Dammbruch.
Wenn wir nicht am Rand stehen wollen, während andere
die Zukunft unter sich ausmachen, müssen wir jetzt den
Sprung ins kalte Wasser wagen. Nur neue linke Mehrheiten
werden in der Lage sein, die schnell umsetzbaren Forderungen zur Verbesserung des Alltags mit den notwendigen
mittelfristigen Schritten zum Umbau der Produktionsweise
zusammenzubringen.

Und lasst uns neugierig sein. »Nur mit einer ganz anderen Sicht der Dinge lassen sich heute allgemeiner Wohlstand und umfassende Emanzipation gewinnen«, schreibt Nick Srnicek. »Eine solche bessere Welt zu entwerfen und zu schaffen, ist die grundlegende Aufgabe.«[24] Genau darum geht es: Sind wir bereit, es mit dem globalen Kapitalismus auf der Höhe seiner technischen wie sozialen Entwicklung aufzunehmen – und ihn über sich selbst hinauszutreiben?

Etwas Neues hat begonnen, das aus der Gesellschaft selbst kommt. Es ist an uns, daraus die richtigen Konsequenzen zu ziehen. Es ist an uns, unser Land und dieses Europa gemeinsam zu verändern. Es ist an uns, zu denen zu werden, auf die wir schon so lange warten. Ohne eine Weiterentwicklung unseres Selbst wird die nötige Veränderung der Gesellschaft nicht zu machen sein.

Ein Regierungswechsel, für den es sich zu kämpfen lohnt, muss die tragenden Säulen unserer Gesellschaft neu errichten: soziale Garantien, die alle vor Armut schützen, Arbeit, die zum Leben passt, bezahlbares Wohnen, flächendeckende Gesundheitsversorgung. Unser Land braucht endlich eine Wirtschafts- und Sozialpolitik, die weder vor direkten Markteingriffen noch vor einer sanktionsfreien Mindestsicherung oder einer Millionärssteuer zurückschreckt. Nur so wird Klimapolitik auch zu einem gesellschaftlichen Aufbruchssignal, anstatt erneut soziale Spaltungen und Verlustängste zu befördern. Es geht um eine Regierungsalternative, die dem entfesselten Markt eine neue Ökonomie des Gemeinsamen entgegenstellen kann.

24 Nick Srnicek, Alex Williams: *Die Zukunft erfinden. Postkapitalismus und eine Welt ohne Arbeit.* Berlin, Edition Tiamat 2016.

Eine Alternative, die endlich Ernst macht mit einer Politik des Friedens in Zeiten globaler Krisen.

Neue linke Mehrheiten sind die Chance für eine neue soziale Demokratie. Sie stellen der radikalisierten Rechten die Kraft der Solidarität entgegen. Natürlich: Es geht nicht um einen Sprint, sondern um einen Marathonlauf. Aber auch der muss irgendwo beginnen. Die nächsten Bundestagswahlen sind ein richtiger, vielleicht auch der letzte Startpunkt dafür – zumindest unter den Bedingungen einer Demokratie, wie wir sie kennen. Wir sind nicht perfekt vorbereitet. Aber angefangen wird immer mittendrin.[25]

Im Wissen um unsere Unterschiede und um die Zwänge, denen ein fortschrittliches Projekt im Herzen des europäischen Kapitalismus ausgesetzt sein wird, können wir zusammenkommen, nach vorne blicken, solidarisch diskutieren und uns organisieren. Die Möglichkeit zur verändernden Tat, zur Politik im besten Sinne liegt vor uns. Der Psychoanalytiker Reimut Reiche hat einmal gesagt: »Wenn wir uns in der Krise an das Alte klammern, kann nichts Neues entstehen.« In unseren Zeiten ist es für viele schon so schwer, an die Gegenwart zu glauben, geschweige denn an eine gute Zukunft. Aber wenn wir nicht den Mut zur Hoffnung haben, wer dann? Weigern wir uns, um die Gegenwart zu trauern. Trauen wir uns die Zukunft zu. Gemeinsam. Kommt ins Offene!

---

25 *Angefangen wird mittendrin*. Frankfurter Poetikvorlesungen. Frankfurt am Main, S. Fischer Verlag 2011.

Statt eines Anhangs:
Projekte für eine Regierung der Hoffnung

#Umfairteilen: Das geht nur mit Mut zur Steuergerechtigkeit, mit entschlossenem Kampf gegen Steuerhinterziehung, mit der Anhebung des Spitzensteuersatzes, effektiver Besteuerung von Millionenerbschaften, Millionenvermögen und Konzerngewinnen sowie mit einer knallharten Regulierung der Finanzmärkte.

#Europasolidarisch: Die EU wird sozial oder sie wird nicht mehr sein. Ein soziales Europa beginnt mit substanziellen Investitionen ins Öffentliche, zum Beispiel über einen EZB-Förderfonds für soziale Dienstleistungen, demokratische Bildung, freies Internet, öffentlichen Nahverkehr und ökologischen Wandel. Statt der Aufrüstung einer EU-Armee braucht Europa die Mittel für den sozial-ökologischen Umbau. Die schädliche Kürzungspolitik muss beendet, der europäische Binnenmarkt durch eine Sozialunion ergänzt werden, in der die Grundrechte Vorrang vor den »Marktfreiheiten« haben.

#Zusammenhalten: Der Bericht der Kommission »Gleichwertige Lebensverhältnisse« hat es wieder deutlich gemacht: Unser Land driftet auseinander – in **Ost und West** sowie zwischen Stadt und Land. Dagegen helfen Investitionen in die öffentliche Infrastruktur, gerade im **ländlichen Raum.**

Der Bund muss endlich die Altschulden übernehmen. Zum gesellschaftlichen Zusammenhalt gehört zudem, alle Benachteiligungen des Ostens zu beenden, sei es bei der Rente, bei Löhnen, bei der Vergabe von Fördergeldern oder bei der Einrichtung von Instituten und Behörden.

#SozialeGarantien: Soziale Sicherheit ist das beste Mittel gegen die Atmosphäre der Angst, von der die rechten Spalter profitieren. Auch deshalb gilt es, Armut zu beenden und die Mitte besserzustellen, zum Beispiel durch Steuerentlastungen für mittlere Einkommen. Armut betrifft schließlich nicht nur diejenigen, die tagtäglich unter materiellen Entbehrungen leiden, sondern auch die vielen, die Sorge haben, mit ihren Einkommen nicht über den Monat zu kommen. Und selbst Menschen mit mittleren Einkommen wird durch die Armut der anderen vor Augen geführt, wie schnell es nach unten gehen kann. Das befördert Abstiegsängste, die das gesellschaftliche Klima verschärfen.

Um allen Teilhabe zu garantieren, sollten folgende Alternativen umgesetzt werden: eine Kindergrundsicherung, für die bereits ein breites Bündnis wirbt; ein garantierter Schutz vor Altersarmut durch Stärkung der gesetzlichen Rente und eine solidarische Mindestrente sowie eine solidarische Gesundheits- und Pflegeversicherung für alle. Solch eine solidarische Versicherung kann dafür sorgen, dass mehr Geld ins System kommt, was unerlässlich ist für den Kampf gegen den Pflegenotstand, um mehr Stellen zu schaffen und diese Arbeit auch besser zu bezahlen. Und es gilt, Hartz IV durch gute Arbeit und eine sanktionsfreie Mindestsicherung zu überwinden.

#Mietenwahnsinnstoppen: Dazu muss die öffentliche Hand mehr Sozialwohnungen bauen bzw. ankaufen – mindestens 250 000 im Jahr. Wir sollten außerdem eine neue Wohngemeinnützigkeit einführen, also einen Sektor des Wohnungsmarkts, der nicht profitorientiert ist. Dafür gibt es steuerliche Vergünstigungen und bevorzugten Zugang zum Boden. Mieterhöhungen – in Wohnraum und Gewerbe – über den Inflationsausgleich hinaus gehören hingegen gedeckelt. Auch die Option der Enteignung von großen Immobilienfonds gehört zu einer fortschrittlichen Mietenpolitik. So können die Städte wieder uns gehören.

#Frauenstreik & #CareRevolution: Gegen den Kulturkampf von rechts setzen wir auf die Vervollständigung der Emanzipation. Und die erfordert eine gerechte Umverteilung der Tätigkeiten zwischen den Geschlechtern. Noch immer tragen Frauen einen Großteil der unbezahlten oder unterbezahlten Sorgearbeit. Bei vielen sind die Herzenswünsche schon weiter als die Wirklichkeit: Immer mehr Väter wollen mehr Zeit für die Familie, immer mehr Frauen wollen sich nicht zwischen Karriere und Familie entscheiden müssen. Zeit, die Mission fifty-fifty auszurufen: 50 Prozent der Carearbeit in Männerhand und im Gegenzug 50 Prozent der einflussreichen Stellen in Frauenhand. Eine solche Kulturevolution kann durch entsprechende Maßnahmen befördert werden. Zudem braucht Geschlechtergerechtigkeit gleichen Lohn für gleichwertige Arbeit und ein verbindliches Entgeltgleichheitsgesetz samt Verbandsklagerecht, damit Frauen, Homosexuelle und

Trans-Personen bei Diskriminierung nicht mehr allein vor Gericht ziehen müssen. Die Streichung der Paragrafen 219, 218 StGB ist überfällig.

#Duverdienstmehr: Damit die Früchte der digitalen Revolution allen zugutekommen, brauchen wir eine drastische Arbeitszeitverkürzung. 30 Stunden die Woche sind genug. Die Menschen werden nicht produktiver, wenn sie länger schuften müssen, ganz im Gegenteil. Im unteren und mittleren Einkommensbereich müssen die Löhne und Gehälter steigen. Dafür braucht es die Anhebung des gesetzlichen Mindestlohns und allgemeinverbindliche Tarifverträge. Prekäre, also unsichere Arbeit wie sachgrundlose Befristung oder Leiharbeit gehört unterbunden und durch gute Arbeitsplätze ersetzt

#EinLandfüralle: Wer es ernst meint mit der Unteilbarkeit von Menschenrechten, muss das Grundrecht auf Asyl durchsetzen und legale Fluchtwege schaffen. Die solidarische Verteilung von Geflüchteten in Europa kann mit einer Fluchtumlage unterstützt werden. Es gilt anzuerkennen, dass wir in einem Einwanderungsland leben, das ein modernes Einwanderungsrecht braucht, um sich zu einer solidarischen Einwanderungsgesellschaft weiterentwickeln zu können.

#Fairtrade: Eine nachhaltige Handelspolitik sollte an einem internationalen Ausgleichsmechanismus ausgerichtet sein, der Staaten auf ausgeglichene Handelsbilanzen verpflichtet. So wird die Wirtschaft stärker auf Nachfrage im Inneren statt auf Spekulation und Konkurrenz ausgerichtet. Zudem müssen europäische Handelsabkommen verpflichtende soziale und ökologische Mindeststandards einführen. Die UN-Leitprinzipien für Menschenrechte müssen endlich Gesetz werden. Damit sich die Produktionsbedingungen überall verbessern, muss es für Ökosünder mindestens Strafzölle geben, wenn nicht schlichtweg Einfuhrverbote.

#Friedenexportieren: Wer Fluchtursachen statt Flüchtlinge bekämpfen will, sollte Rüstungsexporte verbieten und aufhören, Diktatoren zu hofieren. Deutschland ist lange genug ein Exportmeister des Todes gewesen. Generell gilt für die Außenpolitik: Wir brauchen eine Abkehr vom dramatisch gescheiterten Primat des Militärischen. Statt weiterer Auslandseinsätze und Aufrüstung der Bundeswehr brauchen wir die Unterstützung von zivilgesellschaftlichen Initiativen und Mittel der zivilen Konfliktlösung. Eine Regierung der Hoffnung hört zudem auf, die kurdische Bewegung zu kriminalisieren, und unterstützt stattdessen die demokratische Selbstverwaltung in Rojava als Hoffnungszeichen in einem Meer von Gewalt und Unterdrückung.

#DigitalDemocracy: Wo Daten massenhaft zu Geld gemacht werden (Data-Mining), hat die Kontrolle des Umgangs mit ihnen oberste Priorität. Echte Datensouveränität bedeutet, dass die Menschen die Hoheit über ihre Privatsphäre haben. Dies erfordert eine Vielzahl von Maßnahmen, zum Beispiel die Verpflichtung zu einfachen AGBs, die nur Daten abfordern dürfen, die für die Funktionalität eines Dienstes unerlässlich sind, und das Recht auf »Mitnahme« der eigenen »sozialen Daten und Beziehungen« von einem sozialen Netzwerk zu einem anderen. Zur Demokratisierung der Digitalisierung gehört, Digitalkonzerne wie Google, Facebook, Apple und Co. umfassend zu besteuern wie auch ihr Geschäftsmodell selbst in den Fokus zu nehmen. Digitalkonzerne, die ihre Betriebssysteme als Standard durchsetzen, um anschließend Anwendungen und Innovationsgeschwindigkeiten zu bestimmen, sind ein Fall für das Kartellamt. Auch hier gilt es, gemeinwohlorientierte Alternativen zu stärken durch einen Förderfonds und durch Regulierung der bestehenden Monopole. Wenn etwas zu groß für die Demokratie ist, ist es höchste Zeit, es kleiner zu machen.

#Bildungfüralle: Eltern geben ihren Kindern unterschiedliches Kapital mit auf den Weg. Aufgabe des Bildungssystems ist es, diese Unterschiede auszugleichen. Dafür müssen Kitas und Ganztagsschulen flächendeckend ausgebaut werden. Generell sollte gelten: Je größer die Not, desto kleiner die Klasse. Die Lehrkräfte brauchen mehr Zeit für das einzelne Kind. Außerdem muss eine Regierung der Hoffnung eine neue Hochschulpolitik durchsetzen, die mit den Grundsätzen neoliberaler Verwertung bricht und die Hochschulen selbst demokratisiert. Die Arbeitswelt an den Hochschulen funktioniert wie ein enger Flaschenhals. Unterhalb der Professur gibt es faktisch kaum unbefristete, sichere Arbeitsplätze. Wer wissenschaftlich tätig sein will, muss sich auf ein Hangeln von einem Projekt, befristeten Vertrag oder Drittmittelantrag zum anderen einlassen. Damit einher gehen ständiges Pendeln und permanente Selbstvermarktung. Dies behindert das kritische Denken,

Erkenntnisgewinne wie auch Familiengründungen. Neue linke Mehrheiten müssen deshalb für mehr unbefristete Stellen in der Wissenschaft sorgen und die Abhängigkeit von Drittmitteln beenden.

#Fairändern: Wir sollten den Politikwechsel auch als gesellschaftlichen Suchprozess ernst nehmen und Ressourcen in die Entwicklung einer anderen, besseren Wirtschaftsordnung investieren. Dazu gilt es kritische Wissenschaft zu stärken, zum Beispiel durch einen Lehrstuhl für politische Ökonomie und Transformationsforschung an jeder größeren Universität sowie durch Inkubatorenprogramme (also Programme zur Entwicklung und Unterstützung) für genossenschaftliche und Commons-orientierte Produktion und Konsumption.

#MehrDemokratiewagen: Wer die Demokratie schützen will, muss dafür sorgen, dass es etwas zu entscheiden gibt. Deswegen sollten wir Volksentscheide auf Bundesebene einführen und das Europäische Parlament zu einem Parlament mit echtem Initiativrecht umgestalten. Ein verbindliches Lobbyregister ist nur eine Maßnahme von vielen, um den Einfluss der Lobbyisten zu begrenzen. Geheimdienste sind Fremdkörper in der Demokratie. Der Verfassungsschutz ist nicht Teil der Lösung, sondern wesentlicher Teil des Problems und muss durch eine unabhängige Beobachtungsstelle »gruppenbezogene Menschenfeindlichkeit« ersetzt werden. Antirassistische Initiativen der Zivilgesellschaft müssen hingegen verlässlich unterstützt werden.

#Politics4future: Energiewende und Agrarwende sind notwendig, damit wir alle auf dem Planeten eine Zukunft haben. Der Kohleausstieg muss europaweit sofort beginnen und 2030 abgeschlossen sein, während wir erneuerbare Energien massiv und dezentral ausbauen müssen. Statt öffentliche Gelder für die Aufrüstungsziele der NATO zu verschwenden, sollte die öffentliche Hand in den Klimaschutz investieren. Ein Jahrzehnt der Investitionen für die grüne Wende steht an. Statt der Schuldenbremse zu huldigen, geht es um die Grüne Null, also um Klimaneutralität. Zur Agrarwende gehört die Umstellung auf regionale Kreisläufe. Gefördert werden sollte zudem die Abkehr von langen Transportwegen und von der Chemie. Ein neues Leitbild für die Förderpolitik könnte dementsprechend lauten: Subventionen nur noch für den Erhalt der Zukunft, nicht mehr für ihre Zerstörung.

#BürgerbahnstattAutowahn: Statt die Elektroversion des alten Autoverkehrs zu subventionieren, sollten wir eine europäische Verkehrswende einleiten. Für mehr Mobilität bei weniger Verkehr braucht es ausgebaute Radwege, verbindliche Tempolimits, eine Sondersteuer für hohe PS-Zahlen und breite Autos wie SUVs – und deutlich besser ausgebaute und für alle bezahlbare Bus- und Bahnangebote. Für die Kosten gilt das Verursacherprinzip: Man wende sich an die Profiteure des Verkehrsinfarktes, die Autokonzerne.

Danksagung

Mein Denken und Schreiben entwickelt sich im Austausch und in der gemeinsamen politischen Praxis mit anderen. Das trifft auch auf diese Flugschrift zu. Insofern gilt mein Dank all den großartigen Mitstreitern und Mitstreiterinnen in der LINKEN sowie in der *prager frühling*-Redaktion. Im Besonderen bedanke ich mich bei Jan Schlemermeyer, Kerstin Wolter und Martin Glasenapp, ohne die diese Flugschrift nicht entstanden wäre. Beim Lektorat war Tom Strohschneider eine große Hilfe sowie Iris Konopik vom Argument Verlag. Für lange Gespräche zum Stand und zur Zukunft linker Politik, die mich inspiriert und zum Nachdenken gebracht haben, danke ich Carolin Emcke, Kolja Möller, Frigga Haug, Paul Mason, Chantal Mouffe sowie Thomas Seibert. Neue linke Mehrheiten – der Titel dieser Flugschrift – geht auf eine Idee von İmran Ayata zurück, für die ich ihm sehr dankbar bin.